Klasse 9/10

Ulrike Stolz & Lynn-Sven Kohl

Der Leseprofi

9/10

Intensives Training des sinnerfassenden Lesens

Lernen mit Erfolg
KOHL VERLAG

Der Leseprofi / Klasse 9-10

Intensives Training des sinnerfassenden Lesens

4. Auflage 2026

Inhalt: Ulrike Stolz, Lynn-Sven Kohl
Coverbilder: © by-studio & volondoff - AdobeStock.com
Redaktion: Kohl-Verlag
Grafik & Satz: Kohl-Verlag
Druck: farbo prepress GmbH, Köln

Bestell-Nr. 16 769

ISBN: 978-3-98841-109-9

Bildquellen:

(alle Adobestock.com, wenn nicht anderes angegeben)

Auf allen Seiten: © rosifan19; **Seite 2:** © Africa Studio; **Seite 7:** © Eduardo; **Seite 8:** © Alexander Raths; **Seite 9:** © Michael Rosskothen; **Seite 10:** © Michael Rosskothen; **Seite 11:** © wikimedia commons; **Seite 12:** © Christoph Burgstedt; **Seite 13:** © wikimedia commons; **Seite 14:** © Iliá Repin - wikimedia commons; **Seite 15:** © caifas; **Seite 16:** © alexandra; **Seite 17:** © caftor; **Seite 18:** © Loocid GmbH; **Seite 19:** © AdriaVidal; **Seite 20:** © N_studio; **Seite 21:** © Getmilitaryphotos; **Seite 22:** © oscar williams; **Seite 23:** © NYWTS - wikimedia commons; **Seite 24:** © Dika Rio; **Seite 25:** © trekandphoto; **Seite 26:** © New Africa; **Seite 27:** © Sergey Novikov; **Seite 28:** © jokekung; **Seite 29:** © bluedesign; **Seite 30:** © semhur_jka - wikimedia commons; **Seite 31:** © wikimedia commons; **Seite 33:** © wikimedia commons; **Seite 34:** © Gina Sanders; **Seite 35:** © RRF; **Seite 36:** © zukamilov; **Seite 37:** © EdNurg; **Seite 38:** © MCM; **Seite 39:** © Tryfonov; **Seite 40:** © May Thawtar; **Seite 41:** © Sue Ream - wikimedia commons; **Seite 42:** © Msxa0311 - wikimedia commons; **Seite 43:** © hacohob; **Seite 44:** © Proxima Studio; **Seite 45:** © Nomad Soul; **Seite 46:** © GALINA; **Seite 47:** © s-motive; **Seite 48:** © gpointstudio; **Seite 49:** © Mihail; **Seite 50:** © Heiko Küverling; **Seite 51:** © Tobias Koch; **Seite 52:** © cropped; **Seite 53:** © racool_studio; **Seite 54:** © WavebreakmediaMicro; **Seite 55:** © State USA - wikimedia commons; **Seite 56:** © Miraceti - wikimedia commons; **Seite 57:** © Евгений Шемякин; **Seite 58:** © Zaleman; **Seite 59:** © Belish; **Seite 60:** © Oleg_Yakovlev

Kontakt: Kohl-Verlag, An der Brennerei 37-45, 50170 Kerpen
Tel: +49 2275 331610, Mail: info@kohlverlag.de

Inhalt

		Seite
	• Vorwort	4
	• Methoden	5
	• Leitfaden für die Lehrkraft	6
1	Farbenzauber	7 - 8
2	Das trojanische Pferd	9 - 10
3	Keime	11 - 12
4	Iwan der Schreckliche	13 - 14
5	Alexander von Humboldt	15 - 16
6	Wie wird der Wein hergestellt?	17 - 18
7	Mein Taschengeld	19 - 20
8	Brauchen wir eigentlich Waffen?	21 - 22
9	„I have a dream“	23 - 24
10	Ordnung ist das halbe Leben	25 - 26
11	Das schwimmende Zelt	27 - 28
12	Alkuin, Einhardt & Co	29 - 30
13	Die alten Germanen	31 - 32
14	Die Europäische Union	33 - 34
15	Freud & Light	35 - 36
16	Eine Reise in die Vergangenheit	37 - 38
17	Sterne, Planeten, Meteore	39 - 40
18	Der Mauerfall	41 - 42
19	Die Uhr tickt	43 - 44
20	Meine neuen Slipper	45 - 46
21	Bewerbung	47 - 48
22	Jugendkriminalität	49 - 50
23	Möchtest du Bundeskanzler sein?	51 - 52
24	Die Party	53 - 54
25	Der Marshall-Plan	55 - 56
26	Fast Food	57 - 58
27	Der Mond	59 - 60
28	Die Lösungen	61 - 64

Vorwort

Profi! Wie wird man das?

Das ist eine berechtigte Frage. Und dann auch noch Leseprofi?
Gerade in diesem grundlegenden Bereich ziehen sich die Schwierigkeiten unserer Schülerinnen und Schüler durch alle Altersstufen und alle Schularten.
Um diese Schwierigkeiten zu beheben, wurde der Leseprofi entwickelt. Es wird neben der Lesetechnik und Lesefertigkeit auch das Textverständnis trainiert. Ein fragendes Denken soll mit Hilfe dieser Arbeitsblätter gefördert werden.

Aber was ist überhaupt Lesen? Worauf kommt es denn nun wirklich an?
Lesen ist Sinnentnahme aus allen möglichen Texten. Das reicht von der täglichen Fernsehprogrammbeschreibung bis zum wissenschaftlichen Text. Dabei gibt es diesen entscheidenden Lerneffekt:
Wichtiges von Unwichtigem zu unterscheiden!
Das geht nur durch Lesen und gleichzeitiges Verstehen!

Der Aufbau der Arbeitsblätter zielt vor allem auf das Verstehen des Gelesenen ab. Dabei geht das natürlich nicht immer, ohne auch zu schreiben. Denn nur, wer etwas Gelesenes auch reproduzieren, also „aufschreiben" kann, der hat den Sinn des Gelesenen auch verstanden.

Die 27 Einheiten im Heft sind nach Schwierigkeit sortiert - von einfach bis schwierig. Auf den Arbeitsblättern wird aber aus Gründen der Benachteiligung bewusst darauf verzichtet, den Schwierigkeitsgrad zu kennzeichnen. Kein Schüler muss wissen, dass der Lehrer/die Lehrerin ihm/ihr „nur" einen leichten Text gibt. So kann man die Schülerin/den Schüler schneller positiv bestärken, z.B. mit dem konkreten Hinweis auf sein konzentriertes Arbeiten. So fördert man Motivation und Konzentration.

Frei nach dem Motto „Wer nicht fragt, bleibt dumm!" gibt es natürlich in jedem Text auch einmal Wörter zu erklären. Meistens ist dies im Text nur auf ein bis zwei unbekannte Wörter beschränkt, sodass die Schülerin/der Schüler sich mit diesen Begriffen und ihren Bedeutungen auseinandersetzen kann. Möchte man den Lese-Wortschatz erweitern, müssen neue unbekannte Wörter/Begriffe eingebaut werden. Diese werden aus dem Kontext heraus oder durch zusätzliche Erklärungen mit Inhalt gefüllt. Dies kann die Schüler auch zum Nachschlagen von Begriffen in Lexika führen. Ein weiterer positiver Lerneffekt!

Zusätzliches Material zum Leseprofi bietet das passende Arbeitsheft zu jeder Ausgabe. Hier wird Lesen und Verstehen mit Aufgabentypen verschiedenster Art gefördert. Alle diese Materialien können unabhängig voneinander eingesetzt werden.

Der Leseprofi macht jeden Schüler zum Profi, weil das wichtigste Ziel beim Lesen verfolgt wird:
Unwichtiges von Wichtigem lesend zu trennen!

An dieser Stelle möchten wir uns für die Unterstützung bei Sylvia Hielscher, Wolfgang Wertenbroch und Erich van Heiss ganz herzlich bedanken.

Ihnen und Ihren Schülern wünschen wir viel Erfolg und Freude mit den vorliegenden Kopiervorlagen.

Ihr Kohl-Verlagsteam,

Lynn-Sven Kohl & Ulrike Stolz

Methoden

So wird mit dem Leseprofi gearbeitet!

So kann der Schüler/die Schülerin mit dem Leseprofi arbeiten:

1. Arbeitsblatt

- Der Text wird gelesen. Eventuell wird der Text auch ein zweites Mal gelesen.
- Der Text kann, um ein nochmaliges Nachlesen zu verhindern, nach hinten weggeklappt werden.
- Im 1. Lernschritt werden die Aussagen zum Text gelesen. Mit einem lachenden Gesicht werden die richtigen Aussagen gekennzeichnet. Dies kann je nach Alter der Schüler auch mit Selbstkontrolle über das Lösungsblatt kontrolliert werden. Das Lösungsblatt könnte z.B. beim Lehrer ausgelegt sein.

2. Arbeitsblatt

- Der zweite Lernschritt ist additiv. Er kann nach Belieben hinzugenommen oder weggelassen werden.
- Die Fragen werden gelesen und schriftlich beantwortet. Dafür kann der Text auch noch einmal vollständig gelesen werden.
- Schwächere oder jüngere Schüler können mit der „Unterstreichmethode" arbeiten. So muss nur gelesen und nichts geschrieben werden. Es eignen sich Textmarker zum Markieren einzelner Textstellen. Die Fragestellung zum 2. Lernschritt sollte dann zusätzlich so formuliert werden: ***„Unterstreiche im Lesetext die passenden Antworten. Schreibe am Rand die dazugehörigen Buchstaben daneben!"***

Zusätzliche Ideen und Überlegungen für den Lehrer:

- Da die Texte nach Schwierigkeitsgraden im Heft sortiert sind, auf dem Blatt aber nicht als leicht oder schwierig gekennzeichnet wurden, hat der Lehrer die Möglichkeit, jeden Schüler positiv zu bestärken.
  Dabei sollte ganz konkret gesagt werden, was ein Schüler toll gemacht hat (z.B. hat er sich prima konzentriert). Allgemeines Lob wird auch nur allgemein wahrgenommen. Deshalb sollte man immer das gewünschte Verhalten konkret benennen und loben.
- Schwache Schüler profitieren von der „Unterstreichmethode". Mit verschiedenen Textmarkern macht das richtig Spaß und diese Schüler haben die gleichen Ergebnisse wie ihre schreibenden Mitschüler.
- Überschriften machen neugierig. Sie stimmen auf mögliche Inhalte des Textes ein. In einem einstimmenden Gesprächskreis können Vermutungen geäußert werden, die motiveren (z.B.: Woran denkst du bei dieser Überschrift? Was könnte im Text vorkommen? Wovon könnte er handeln? usw.) Schüler haben dann eine Erwartungshaltung und sind gespannt darauf, was der Text nun wirklich zu bieten hat.
- Der Lese-Wortschatz wird durch nicht so geläufige Begriffe erweitert. Aus dem Kontext heraus werden sie mit Inhalt gefüllt.
- Der Zusatzkasten mit Sprech- und Schreibanlässen gibt Stoff für weitere Stunden und angeregte Diskussionen und setzt sich mit den beschriebenen Sach- und Sozialthemen auseinander. Sachtexte regen zum Weiterlesen in Lexika oder entsprechenden Natur- und Sachkundebüchern an. Deshalb wird auch gelegentlich angeregt, das Internet für weitere Nachforschungen zu nutzen.
- Die Texte können als Vorlage benutzt werden, um zu lernen, Unwichtiges zu streichen und das Wichtige in Stichwörtern zusammenzufassen. Eine Folge wird sein, dass auch eigene Texte mit Wichtigem/den Kernaussagen gefüllt sein werden.
  Der Leseprofi fördert das Textverständnis auch für völlig unbekannte Texte, da methodisch vorgegangen wird. Der Schüler merkt sich nur das Wesentliche!

Leitfaden für die Lehrkraft

Die 27 Einheiten dieses Bandes sind als Einzelarbeit angelegt: still lesen, das Blatt an der Knicklinie wegklappen, ohne Rückgriff auf den Text entscheiden. In Klasse 9/10 kommt zweierlei hinzu. Die Texte sind deutlich länger geworden – von 189 Wörtern auf Seite 7 bis zu 364 auf Seite 51 –, und viele enthalten offene Streitfragen: Waffen, Jugendkriminalität, Drogen, das Amt des Bundeskanzlers. Genau daran lässt sich kooperativ anknüpfen, ohne die Einzelarbeit aufzugeben.

1. Gruppenarbeit und kooperative Lernformen

Bei den längsten Texten – „Jugendkriminalität" (Seite 49) und „Möchtest du Bundeskanzler sein?" (Seite 51) – lohnt die **Reihum-Rekonstruktion**: Nach dem Wegklappen erzählt die Gruppe den Text reihum weiter, jeder ein Satz, bevor ein einziges Kreuz gesetzt wird. Wer nichts mehr weiß, gibt weiter – so werden Erinnerungslücken hörbar statt sichtbar. Für Sachtexte mit hoher Zahlendichte eignet sich die **Zahlenprobe**: Bei „Sterne, Planeten, Meteore" (Seite 39) und „Der Mond" (Seite 59) bearbeiten Paare zunächst ausschließlich die Aussagen mit Zahlenangaben – dort die Nummern 3 und 4 beziehungsweise 5, 6 und 7 – und begründen jede Entscheidung, bevor der Rest folgt. Im 2. Lernschritt trägt die **Belegpflicht**: Eine schriftliche Antwort gilt erst dann als fertig, wenn die Partnerin oder der Partner die zugehörige Textstelle im zurückgeklappten Text zeigen kann. Bei „Der Marshall-Plan" (Seite 56) mit seinen sechs anspruchsvollen Fragen entsteht daraus ein echtes Prüfgespräch.

2. Bedeutungsvolle Zusammenarbeit & gemeinsame Ziele

Vier Zusatzaufgaben fordern ausdrücklich zum Erörtern und Diskutieren auf: Waffenbesitz (Seite 22), Freundschaft zwischen Männern und Frauen (Seite 28), das Kanzleramt (Seite 52) und das Verbot sogenannter weicher Drogen (Seite 54). Bündeln Sie sie zur **Streitlinie**: Die Klasse stellt sich zwischen zwei Polen im Raum auf, jede Position muss mit einem Satz aus dem Lesetext belegt werden, und wer überzeugt wird, geht sichtbar einen Schritt. Zwei weitere Blätter verlangen Befragungen – Veränderungen in der eigenen Region (Seite 38) und Erinnerungen an die Maueröffnung (Seite 42). Daraus wird ein **Zeitzeugen-Archiv**: Die Klasse einigt sich auf gemeinsame Leitfragen, jede Gruppe führt ein Interview, die Protokolle wandern in eine Sammlung, die mit jedem Jahrgang weiterwächst. „Bewerbung" (Seite 47) beschreibt Eignungstest und Rollenspiel bereits selbst – in der **Assessment-Werkstatt** baut die Klasse beides nach, mit eigenen Lebensläufen und der Vorgangsbeschreibung von Seite 20 als Trockenübung. Und weil vier Zusatzaufgaben zur Recherche schicken (Seiten 14, 16, 24 und 32), gehört eine **Quellen-Gegenprobe** dazu: Zwei Gruppen recherchieren dasselbe Thema getrennt und vergleichen, wo ihre Quellen voneinander abweichen.

3. Reflexion & Weiterentwicklung

Das Vorwort verspricht, die Einheiten seien von einfach bis schwierig sortiert. Die **Reihenfolgen-Probe** prüft das nach: Die Wortzahlen steigen von 189 auf 364, fallen bei den Nummern 25 bis 27 aber wieder auf rund 310 – beobachten Sie an Ihrer Lerngruppe, ob die späten Blätter tatsächlich die schwersten sind. Ein **Aktualitäts-Filter** gehört bei diesem Band zur Vorbereitung: Mehrere Sachtexte bilden einen älteren Stand ab, etwa die drei Säulen der EU (Seite 33) oder der Tagesablauf im Kanzleramt (Seite 51). Entscheiden Sie vorab, welche Blätter Sie unkommentiert ausgeben und welche Sie als Zeitdokument behandeln. Führen Sie in den Partnerphasen zudem eine **Stille-Bilanz**: Wer hat in zehn Minuten kein einziges Mal begründet? In dieser Altersstufe verschwindet Leseschwäche hinter Routine – im Gespräch nicht.

Praxis-Tipp: *Lassen Sie die Jugendlichen einmal selbst zehn Aussagen zu einem bearbeiteten Text formulieren – genau die Hälfte davon falsch. Nichts schärft den Blick dafür, welches einzelne Wort eine Aussage kippen lässt, so schnell wie der Versuch, jemand anderen damit hereinzulegen.*

Unsere Niveaustufen/Symbole zur Dreifachdifferenzierung		
▲ **Grundniveau**	◆ **Mittleres Niveau**	★ **Erweitertes Niveau**

Wir werden Leseprofi / Klasse 9-10
KOHL VERLAG

1 Farbenzauber

Grün wandelt sich zu Rot, Gelb und Orange. Im Herbst präsentieren sich die Laubbäume in einer wunderschönen Farbenpracht. Nicht lange, dann segeln die trockenen Blätter zu Boden und knistern bei jedem Schritt unter unseren Füßen. Doch wie kommt es eigentlich jedes Jahr zu diesem stets wiederkehrenden Farbenspiel? Eigentlich sind die roten und orangefarbenen Farbpigmente die ganze Zeit über schon im Blatt. Sie sind nur nicht sichtbar, denn ein weiterer Farbstoff, den wir Chlorophyll nennen, überdeckt die anderen Farbpigmente. Das ist der Farbstoff, der dem Blatt seine grüne Farbe verleiht. Im Herbst wird eben dieser Farbstoff, nämlich das Chlorophyll, in den Blättern abgebaut und alle lebenswichtigen Säfte in den Stamm und die Wurzeln zum Überwintern transportiert. In Herbst und Winter wird die Lichtintensität schwächer, weshalb die Blätter kein neues Chlorophyll, also auch keinen grünen Farbstoff mehr bilden. Die Carotinoide und Anthocyane werden sichtbar und leuchten rot, gelb und orange. Manchmal sogar violett. Für den Baum besteht keine Notwendigkeit mehr, die absterbenden Blätter zu versorgen und es bildet sich eine Korkschicht zwischen Zweig und Blattstiel. Das Blatt vertrocknet und fällt ab. Mit dem nächsten Windstoß segelt es zu Boden.

189 Wörter

▲1. Lernschritt

➔ *Lies die folgenden Sätze aufmerksam durch.*
➔ *Ist die Aussage inhaltlich richtig? Dann kreuze die Aussage an.*

(!) *<u>Achtung</u>: Du darfst jetzt nicht mehr im Text nachlesen!*

Knicke das Blatt entlang dieser Linie nach hinten.

		Richtig X
1	Im Sommer präsentieren sich die Laubbäume in einer wunderschönen Farbenpracht.	
2	Die roten und orangefarbenen Farbpigmente kommen erst im Herbst in die Blätter.	
3	Im Sommer sieht man keine grünen Blätter, da es kein Chlorophyll gibt.	
4	Blätter erhalten ihren grünen Farbstoff durch das Wasser, das sie mit ihren Wurzeln aufnehmen.	
5	Im Herbst sammeln sich die lebenswichtigen Säfte im Stamm und in den Wurzeln.	
6	Im Herbst werden die Carotinoide und Anthocyane sichtbar.	
7	Die Blätter färben sich dann türkis, rosa und schwarz.	
8	Die einzelnen Blätter werden rot, gelb und orange.	
9	Der Baum muss die absterbenden Blätter nicht mehr versorgen.	
10	Der Baum bildet eine Korkschicht zwischen Blatt und Zweig, sodass das Blatt vertrocknet und abfällt.	

Wir werden Leseprofi / Klasse 9-10 – Bestell-Nr. 16 769
Intensives Training des sinnerfassenden Lesens
KOHL VERLAG

1 Farbenzauber

◆2. Lernschritt

➔ *Beantworte die folgenden Fragen zum Lesetext sinngemäß.*

➔ *Schreibe in vollständigen Sätzen.*

a) Was passiert im Herbst mit den Laubbäumen? ____________________

____

b) Wo befinden sich die roten und orangenen Farbpigmente? ____________________

____

c) Wieso sieht man nicht das ganze Jahr über die unterschiedlichen Farben an den Blättern?

____

____

d) Was ist Chlorophyll? ____________________

____

e) Was passiert im Herbst mit den lebenswichtigen Säften des Baumes? ____________________

____

____

f) In welchen herbstlichen Farben können die Blätter leuchten? ____________________

____

g) Was macht der Baum, wenn er die bunten Blätter im Herbst verliert? ____________________

____

____

★Zusatzaufgabe

Erstelle eine kleine gefühlsbetonte Geschichte zum Thema „Farbenzauber im Herbst“.

2 Das trojanische Pferd

Einst, vor dreieinhalbtausend Jahren, soll es an der Nord-West-Küste Kleinasiens eine sagenumwobene Stadt gegeben haben: Troja. Sie wurde einige hundert Jahre später bekannt gemacht durch den griechischen Dichter Homer, der in seinem berühmten Werk „Illias" von einer zehnjährigen Belagerung Trojas durch die Griechen erzählt. In der griechischen Mythologie spielen dabei die Namen Helena, Paris, Agamemnon und Hektor eine große Rolle. Der Sage nach soll Paris, der Sohn des trojanischen Königs, bei einem Aufenthalt am griechischen Königshof die „schöne Helena" entführt haben. Sie war die Ehefrau des Menelaos, des Bruders des griechischen Königs. Nach langem Hin und Her wollte der griechische König die Schmach nicht auf sich sitzen lassen, dass die Frau seines Bruders aus seinem Hause von einem Trojaner entführt worden war. Deshalb mobilisierte er mehr als 50.000 Soldaten, um gegen Troja in den Krieg zu ziehen. Aber Troja galt in der Antike als unbezwingbare Stadt. Hohe Mauern und Wehrtürme halfen den besten Bogenschützen, alle Feinde abzuwehren. So soll dieser Krieg 10 Jahre gedauert haben, bis die griechische Armee durch eine List doch noch Troja bezwingen konnte. Die große Rolle dabei spielte das „Trojanische Pferd", in dessen Bauch es den Griechen gelang, in die Stadt Troja einzudringen.

201 Wörter

▲1. Lernschritt

➔ *Lies die folgenden Sätze aufmerksam durch.*

➔ *Ist die Aussage inhaltlich richtig? Dann kreuze die Aussage an.*

(!) *Achtung: Du darfst jetzt nicht mehr im Text nachlesen!*

Knicke das Blatt entlang dieser Linie nach hinten.

Nr.	Aussage	Richtig X
1	Troja wurde durch zahreiche Geschichtsbücher bekannt gemacht.	
2	Homer schrieb sein berühmtes Werk „Ilias" über Troja.	
3	Troja wurde angeblich zwölf Jahre lang von den Griechen belagert.	
4	Paris war der Sohn des türkischen Königs.	
5	Menelaos Frau wurde von Paris entführt.	
6	Troja galt als unbezwingbare Stadt, weil sie hohe Mauern und Wehrtürme hatte.	
7	Doch mit Bogenschützen gelang es den Griechen, in die Stadt einzudringen.	
8	Sie befreiten die „schöne Helena" mit Hilfe der riesigen Armee von 50.000 Soldaten.	
9	Mit Hilfe des Trojanischen Pferds gelang es den Griechen, in die gut gesicherte Stadt einzudringen.	
10	Die Trojaner vertrieben das Trojanische Pferd.	

KOHL VERLAG Wir werden Leseprofi / Klasse 9-10 Intensives Training des sinnerfassenden Lesens – Bestell-Nr. 16 769

2 Das trojanische Pferd

◆2. Lernschritt

➔ *Beantworte die folgenden Fragen zum Lesetext sinngemäß.*

➔ *Schreibe in vollständigen Sätzen.*

a) Wer machte Troja bekannt?

b) Was war der Auslöser für diesen Krieg?

c) Wer war die „schöne Helena“?

d) Wieso galt Troja in der Antike als unbezwingbare Stadt?

e) Wie viele Soldaten ließ der griechische König mobilisieren?

f) Wie lange soll der Krieg um Troja gedauert haben?

g) Wie konnten die Griechen es dennoch schaffen, Troja zu besiegen?

★Zusatzaufgabe

- *Forsche nach, wie die Geschichte weiterging, nachdem das trojanische Pferd innerhalb der Stadtmauern Trojas war.*
- *Schreibe einen Erlebnisbericht aus der Sicht eines Trojaners, als die Stadt plötzlich und unerwartet durch den Einsatz des Trojanischen Pferdes überlistet wurde.*

Wir werden Leseprofi / Klasse 9-10
KOHL VERLAG

3 Keime

Ignaz Semmelweis

Im vorletzten Jahrhundert starb jeder zweite Operierte, obwohl der Eingriff erfolgreich verlaufen war. Ein Blick in damalige Operationssäle kann Aufschluss geben: Der Operateur kommt in seinem Gehrock von der Straße zum Patienten. Seine Hände hat er nicht gewaschen, denn es gibt keine Waschgelegenheit. Er schnäuzt sich noch einmal die Nase, bevor er beginnt. Das Werkzeug seines Vorgängers benutzt er einfach wieder. Nach der Operation wird mit verschmutzten Binden die Wunde versorgt. Es war Ignaz Semmelweis (1818-1865), der einen Zusammenhang zwischen den auftretenden Wundinfektionen und mangelnder Hygiene herstellte. Er hatte die Möglichkeit, zwei Wöchnerinnenstationen zu vergleichen. In der Abteilung, in der die jungen Mütter von Hebammen versorgt wurden, starben ein Drittel weniger Frauen an Kindbettfieber als in der, in der Studenten ihren Dienst taten. „Weshalb ist das so?", fragte Semmelweis sich. Semmelweis hatte das Vorgehen des Pflegepersonals beobachtet und folgendes festgestellt: Die Hebammen erschienen in sauberer Schwesterntracht, die Studenten kamen in ihrer Straßengarderobe. Außerdem nahmen die Studenten in der gleichen Kleidung auch Leichensektionen vor, bevor sie die frischgebackenen Mütter untersuchten. Daraufhin führte Semmelweis das Händewaschen vor den Untersuchungen der Wöchnerinnen ein. Obwohl er erfolgreich war, denn die Zahl der Infektionen ging zurück, konnte er sich gegenüber der ignoranten Ärztegesellschaft nicht durchsetzen. Intrigen verhinderten die Verbreitung seiner Idee.

210 Wörter

▲1. Lernschritt

➔ *Lies die folgenden Sätze aufmerksam durch.*

➔ *Ist die Aussage inhaltlich richtig? Dann kreuze die Aussage an.*

(!) *Achtung: Du darfst jetzt nicht mehr im Text nachlesen!*

Knicke das Blatt entlang dieser Linie nach hinten.

		Richtig X
1	Im vorletzten Jahrhundert starb jeder dritte Operierte.	
2	Jeder Operateur hat sich früher vor einer Operation sorgfältig die Hände gewaschen.	
3	Die Operateure benutzten die Werkzeuge des Vorgängers einfach wieder.	
4	Nach den Operationen wurden saubere Binden auf die frische Wunde gelegt.	
5	Ignaz Semmelweis erkannte, dass Wundinfektionen mit mangelnder Hygiene zusammenhingen.	
6	Er verglich zwei Feldlazarette miteinander.	
7	Die Studenten in den Wöchnerinnenstationen nahmen in der gleichen Kleidung, in der sie die Mütter untersuchten, sogar Leichensektionen vor.	
8	Semmelweis führte nach dieser Entdeckung das Händewaschen vor den Untersuchungen ein.	
9	Auch daraufhin ging die Zahl der Infektionen nicht zurück.	
10	Die Verbreitung seiner Idee wurde durch Intrigen verhindert.	

Wir werden Leseprofi / Klasse 9-10 Intensives Training des sinnerfassenden Lesens – Bestell-Nr. 16 769
KOHL VERLAG

3 Keime

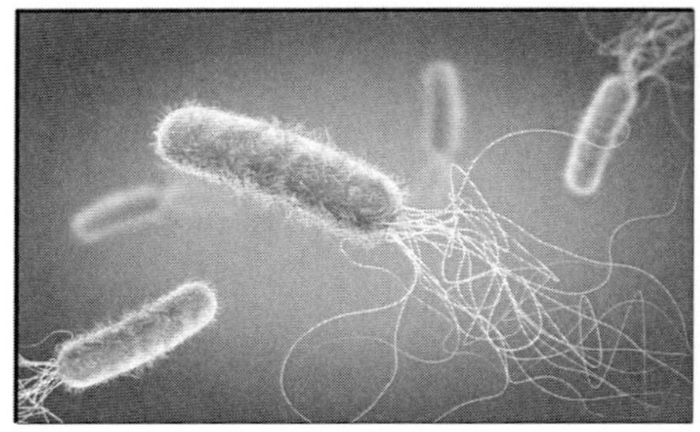

◆2. Lernschritt

➔ *Beantworte die folgenden Fragen zum Lesetext sinngemäß.*

➔ *Schreibe in vollständigen Sätzen.*

a) Wie sah es im vorletzten Jahrhundert in den damaligen Operationssälen aus? ______________

____

____

b) Womit wurden nach der Operation die Wunden versorgt? ______________

____

c) Was stellte Ignaz Semmelweis fest? ______________

____

d) Wo fiel ihm auf, dass es einen Zusammenhang zwischen der Sauberkeit und der Infektionsrate gab? ______________

____

e) Was, das vor den Untersuchungen der Wöchnerinnen gemacht werden muss, führte Semmelweis ein? ______________

____

f) Was nahmen die Studenten neben der Geburtshilfe in derselben Kleidung noch vor?

____

g) Wie verhielten sich die anderen Ärzte gegenüber Semmelweis Idee? ______________

____

★Zusatzaufgabe *Beschreibe den Unterschied zwischen den heutigen und den damaligen Hygieneverhältnissen.*

Wir werden Leseprofi / Klasse 9-10
KOHL VERLAG

4 Iwan der Schreckliche

Iwan der Schreckliche

Iwan IV. ist der Mann, den wir in dieser Geschichte kennenlernen werden. Man nannte und nennt ihn noch heute „Iwan den Schrecklichen". Er wurde im Jahre 1530 wahrscheinlich in Moskau geboren und wurde schon in frühester Jugend von seiner überaus ehrgeizigen Mutter dazu ausersehen und erzogen, einst der Herrscher des damaligen Russischen Reiches zu werden. Gegen den Willen des herrschenden Adels setzte Iwans Mutter ihr Ziel durch. Ihr unbequeme mächtige Fürsten und Gutsherren ließ sie verbannen oder töten. Als Iwan 17 Jahre alt war, hatte seine Mutter ihr Ziel erreicht: Iwan wurde zum ersten Zaren Russlands ernannt. Er führte von da ab mit eiserner Hand sein Heimatland. Er reformierte in den ersten Jahren seiner Herrschaft den Staat und sorgte für einen gewissen Wohlstand aller Bürger. Man sagt, dass er äußerst jähzornig und brutal sein konnte. So erschlug er eines seiner zehn Kinder in einem Wutanfall und vernichtete fast den gesamten Adel Russlands. Er führte etliche Kriege und eroberte anliegende Reiche, die er dann annektierte. Er herrschte noch zehn Jahre, baute eine ihm blind gehorchende und äußerst brutale Sondertruppe, die sogenannten Opritschina auf. Seine Frau wurde mit Arsen vergiftet. Von wem ist unklar. Und auch er soll im Jahre 1584 schließlich eines gewaltsamen Todes gestorben sein.

209 Wörter

▲1. Lernschritt

➔ *Lies die folgenden Sätze aufmerksam durch.*
➔ *Ist die Aussage inhaltlich richtig? Dann kreuze die Aussage an.*

(!) *Achtung: Du darfst jetzt nicht mehr im Text nachlesen!*

Knicke das Blatt entlang dieser Linie nach hinten.

		Richtig X
1	Iwan IV. war der Sohn eines polnischen Gelehrten, der ihn zum Pfarrer machen wollte.	
2	Iwan wurde wahrscheinlich im Jahre 1578 in Kasachstan geboren.	
3	Seine Mutter erzog ihn sehr ehrgeizig, da sie wollte, das er einmal König von Polen werden sollte.	
4	Iwans Mutter setzte ihre Ziele gegen den Willen des herrschenden Adels durch.	
5	Iwan beherrschte sein Heimatland mit eiserner Hand.	
6	Er reformierte den Staat, womit er bei den Bürgern seines Landes einen gewissen Wohlstand bescherte.	
7	Iwan tötete eines seiner Kinder.	
8	An sein Land anliegende Reiche eroberte er und zwang sie, sich seinem Reich anzuschließen.	
9	Er herrschte 40 Jahre lang über Russland.	
10	Er soll 1584 an einem Herzinfarkt gestorben sein.	

Wir werden Leseprofi / Klasse 9-10
Intensives Training des sinnerfassenden Lesens – Bestell-Nr. 16 769
KOHL VERLAG

4 Iwan der Schreckliche

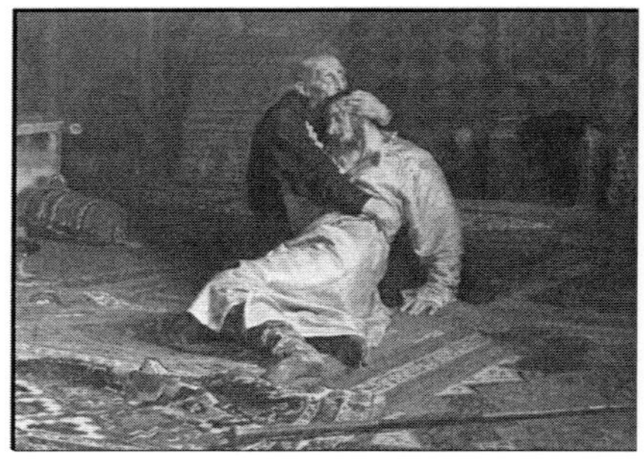

◆2. Lernschritt

➔ *Beantworte die folgenden Fragen zum Lesetext sinngemäß.*

➔ *Schreibe in vollständigen Sätzen.*

a) Wie nennt man Iwan IV. noch?

b) Wieso erzog Iwans Mutter ihn besonders ehrgeizig?

c) Wie verfuhr die Mutter mit ihr unbequemen Fürsten?

d) Wie regierte Iwan sein Heimatland Russland?

e) Wie beschrieb man Iwans Charakter?

f) Welche Handlungen zeigen Iwans Charakter?

g) Was ist die Opritschina?

★Zusatzaufgaben

- *Forsche im Internet (z.B. unter www.wikipedia.de) über Iwan den Schrecklichen nach.*
- *Fasse deine wichtigsten Erkenntnisse stichwortartig in deinem Heft zusammen.*

Wir werden Leseprofi / Klasse 9-10
KOHL VERLAG

5 Alexander von Humboldt

Alexander von Humboldt

Vielleicht habt ihr schon einmal diesen Namen gehört oder gelesen. Es gibt in Berlin eine große Universität, die nach diesem Mann benannt ist. Es gibt ein Gebirge in China und einen Fluss in den Vereinigten Staaten, die seinen Namen tragen. Alexander Freiherr von Humboldt, so lautete sein richtiger Name, wurde 1769 in Berlin geboren und studierte nach seiner Schulzeit Naturwissenschaft und Bergbaukunde. Nach einer kurzen Tätigkeit in der preußischen Verwaltung begann von Humboldt seine jahrelangen Forschungsreisen zunächst in Südamerika. In den Staaten Venezuela, Kuba, Kolumbien, Ecuador, Peru und Mexiko erwarb er sich großen Ruhm durch konstruktive Überlegungen, die zur Verbesserung der Landschaftsökologie führten. Vielen Bauern und Landwirten in diesen Ländern wurde dadurch geholfen. Später bereiste er das heutige Russland und kam über Sibirien und den Ural bis an die Grenzen Chinas. Nach seiner Rückkehr nach Berlin Ende der zwanziger Jahre im 19. Jahrhundert lehrte er an der Berliner Universität und bildete dadurch hervorragende deutsche Wissenschaftler aus, die später ihre erworbenen Kenntnisse in der ganzen Welt weitergeben konnten. In einem 36-bändigen Gesamtwerk erzählte er ausführlich, vor allem für Fachleute, seine hochinteressanten Reiseberichte von seinen Erlebnissen und Forschungen in vielen Teilen unserer Erde. Alexander von Humboldt zählt zu den größten Wissenschaftlern und Vertretern unseres Landes, angesehen und geachtet in der ganzen damaligen Welt.

219 Wörter

▲1. Lernschritt

➔ *Lies die folgenden Sätze aufmerksam durch.*
➔ *Ist die Aussage inhaltlich richtig? Dann kreuze die Aussage an.*

(!) *<u>Achtung</u>: Du darfst jetzt nicht mehr im Text nachlesen!*

Knicke das Blatt entlang dieser Linie nach hinten.

Nr.	Aussage	Richtig X
1	Nach Alexander von Humboldt ist eine große Universität in Köln benannt.	
2	Seinen Namen tragen auch ein Gebirge in China und ein Fluss in den Vereinigten Staaten.	
3	Sein richtiger Name lautete Alexander Graf von und zu Humboldt.	
4	Nach seinem Studium und einer kurzen Zeit in der preußischen Verwaltung begann von Humboldt seine jahrelangen Forschungsreisen.	
5	Sie führten ihn nach Südamerika, Russland und bis an die Grenzen Chinas.	
6	Nach seinen Forschungsreisen kehrte von Humboldt nach Berlin zurück, um in der preußischen Verwaltung zu arbeiten.	
7	Alexander von Humboldt bildete hervorragende deutsche Wissenschaftler aus, die ihre erworbenen Kenntnisse in der ganzen Welt weitergaben.	
8	Seine Reiseberichte ließ er sich von seinen Studenten zusammenfassen.	
9	In seinem 36-bändigen Gesamtwerk erzählte Alexander von Humboldt von seinen Reiseerlebnissen.	
10	Alexander von Humboldt ist als Wissenschaftler heute beinahe in Vergessenheit geraten.	

KOHL VERLAG Wir werden Leseprofi / Klasse 9-10 Intensives Training des sinnerfassenden Lesens – Bestell-Nr. 16 769

5 Alexander von Humboldt

Humbold-Universität in Berlin

◆2. Lernschritt

➔ *Beantworte die folgenden Fragen zum Lesetext sinngemäß.*

➔ *Schreibe in vollständigen Sätzen.*

a) Was ist nach Alexander von Humboldt benannt? Zähle zwei Dinge auf.

b) Was hatte Alexander von Humboldt studiert?

c) Wie erlangte er in den Staaten Südamerikas großen Ruhm?

d) Wohin führte ihn seine Reise durch Russland?

e) Was beschrieb Alexander von Humboldt in einem 36-bändigen Gesamtwerk?

f) Welche Bedeutung hat Alexander von Humboldt für unsere heutige Welt?

★Zusatzaufgabe

Alexander von Humbolds Leben war von Forschung geprägt. Viele wichtige Persönlichkeiten seiner Zeit waren begeistert von seinem Wissen. So hieß es z.B. von Thomas Jefferson: „Ich sehe in ihm den bedeutendsten Wissenschaftler, den ich je getroffen habe." Sein Leben hatte viele interessante Höhepunkte. Erstelle nun nach geeigneten Recherchen (Im Internet z.B. Wikipedia oder verschiedene Lexika) einen Lebenslauf über Alexander von Humboldt.

Wir werden Leseprofi / Klasse 9-10
KOHL VERLAG

6 Wie wird der Wein hergestellt?

Dass der Wein, der in den letzten Jahrzehnten eine ungeheure Beliebtheit bei den Menschen erfahren hat, aus Trauben gewonnen wird, dürfte jedem bekannt sein. Aber wie wird er hergestellt? Dieser oft lange Weg von der Traubenlese, so nennt man das Ernten der Trauben, bis zum ersten Schluck aus der geöffneten Flasche Wein, setzt viel Fachkenntnis und vor allem aber große Erfahrung voraus. Zuerst werden die gepflückten Trauben von ihren Stielen befreit und dann in einer Traubenmühle zerquetscht und die daraus entstandene Maische, so nennt man die dann gewonnene dickflüssige Masse, wird entsaftet. Was dann übrig bleibt, ist der Most. Jetzt muss diese Flüssigkeit, der Most, durch mehrere Bearbeitungen laufen. Es werden kleine Mengen schwefeliger Säure beigegeben. Dann muss dieser Saft gären, damit die Hefe vermehrt wird. Die erfahrenen Winzer können dann durch ständige Prüfung und Beobachtung und eventueller Zugabe anderer Naturstoffe, wie zum Beispiel verschiedene Aromen, den Most so weit entwickeln, dass nach einer bestimmten Zeit die jetzt entstandene Flüssigkeit in Fässern oder Tanks bis zur Flaschenreife ruhen kann. Wenn diese Reife erreicht ist, wird der junge Wein in Flaschen abgefüllt und kann dann, je nach Qualität, ein, zwei, drei Jahre bis zur Trinkreife lagern. Spitzenqualitäten, die aber auch immer einen relativ hohen Preis haben, können 20 Jahre und länger gelagert werden.

218 Wörter

▲1. Lernschritt

➔ *Lies die folgenden Sätze aufmerksam durch.*
➔ *Ist die Aussage inhaltlich richtig? Dann kreuze die Aussage an.*

(!) *Achtung: Du darfst jetzt nicht mehr im Text nachlesen!*

Knicke das Blatt entlang dieser Linie nach hinten.

Nr.	Aussage	Richtig X
1	Wein wurde in den letzten Jahren bei den meisten Menschen immer unbeliebter.	
2	Wein wird aus geernteten Trauben hergestellt.	
3	Man braucht viel Erfahrung und Fachkenntnis, um einen guten Wein herzustellen.	
4	Wenn man den Most hat, muss dieser durch mehrere Bearbeitungen laufen.	
5	Man gibt dem Most Dinge wie Nelken, Zimt und Zucker bei, damit der Wein gut reifen kann.	
6	Der Most muss gären, damit sich die Hefe vermehren kann.	
7	Nach einer bestimmten Zeit kann die Flüssigkeit in Tanks und Fässern bis zur Flaschenreife ruhen.	
8	Ist der junge Wein in Flaschen abgefüllt, kann er ein, zwei, drei Jahre bis zur Trinkreife lagern.	
9	Ein Wein erhält ein besonderes Prädikat, wenn er besonders süß ist.	
10	Junge Weine erzielen meist einen relativ hohen Preis.	

KOHL VERLAG
Wir werden Leseprofi / Klasse 9-10
Intensives Training des sinnerfassenden Lesens – Bestell-Nr. 16 769

6 Wie wird der Wein hergestellt?

◆2. Lernschritt

➔ *Beantworte die folgenden Fragen zum Lesetext sinngemäß.*

➔ *Schreibe in vollständigen Sätzen.*

a) Wie nennt man das Ernten der Trauben? ______________________

____

b) Wie entsteht die Maische? ______________________

____

____

c) Was mischt man dem Most bei, bevor er gären kann? ______________________

____

d) Nenne einen Bestandteil, den erfahrene Winzer dem gärenden Most beigeben.

____

____

e) Wo reift der Wein bis zur Flaschenreife? ______________________

____

f) Was geschieht, wenn der junge Wein in Flaschen abgefüllt wurde? ______________________

____

g) Welche Weine erzielen meist einen relativ hohen Preis? ______________________

____

____

★Zusatzaufgabe

Welche Weinregionen gibt es in Deutschland? Erstelle eine Kopie einer Deutschlandkarte und markiere mit einem Textmarker Regionen Deutschlands, in denen Weinanbau stattfindet. Nimm einen Schulatlas zu Hilfe.

Wir werden Leseprofi / Klasse 9-10
KOHL VERLAG

7 Mein Taschengeld

Als ich 16 Jahre alt wurde, erhöhten meine Eltern mir mein Taschengeld. Ab jetzt sollte ich jeden Monat 60 Euro bekommen, aber nicht mehr wie bisher eine Teilzahlung am Sonntagmorgen, sondern in einer Summe auf ein eigenes Konto, dass für mich eingerichtet worden war. Stolz erhielt ich eine eigene EC-Karte und meine PIN-Nummer. Ab jetzt musste ich also mein Geld selbst verwalten. Am nächsten Tag ging ich zum ersten Mal alleine in die Sparkasse zum Geldautomaten, steckte die Karte in den Schlitz und tippte meine Geheimnummer ein. Zuerst kam die Karte wieder zurück, doch dann spuckte der Automat meine gewünschten 10 € aus. Es war ein einmaliges Erlebnis. Ich fühlte mich reich und erwachsen. Im Laufe der Zeit stellte ich fest, dass mit dieser Karte und ihren Möglichkeiten auch viele Verlockungen gemeistert werden mussten. Denn es blieben einfach 60 €, ob ich sie nun in bar hatte oder auf meinem Konto. Aber ich entwickelte einen vorteilhaften Sparsinn. Ich nahm mir vor, jeden Monat 10 € zu sparen für besondere Anlässe. Das gelang mir auch ganz gut. Ich wurde zwar nicht geizig, aber ich überlegte jede Ausgabe ganz genau. Und meine Rücklage kletterte von Monat zu Monat immer höher. Ich schaute mir Anlagemöglichkeiten an und interessierte mich mehr und mehr für Bankgeschäfte. Deshalb habe ich gestern auch zwanzig Bewerbungen zum Bankkaufmann abgeschickt.

224 Wörter

▲1. Lernschritt

➔ *Lies die folgenden Sätze aufmerksam durch.*
➔ *Ist die Aussage inhaltlich richtig? Dann kreuze die Aussage an.*

(!) *Achtung: Du darfst jetzt nicht mehr im Text nachlesen!*

- -

Knicke das Blatt entlang dieser Linie nach hinten.

		Richtig X
1	Meine Eltern erhöhten mein Taschengeld, da sich meine Noten im Zeugnis verbessert hatten.	
2	Fortan bekam ich jede Woche einen Geldbetrag in Höhe von 60 € in die Hand gedrückt.	
3	Ab jetzt musste ich also mein Geld selbst verwalten.	
4	Am nächsten Tag ging ich zur Sparkasse und zahlte 10 € ein.	
5	Nun fühlte ich mich reich und erwachsen.	
6	Die EC-Karte hatte den großen Vorteil, dass man den Verlockungen besser widerstand.	
7	Ich wurde anfangs zu viel zu vielen Ausgaben hingerissen.	
8	Jeden Monat legte ich 10 € für besondere Anlässe zur Seite.	
9	Trotz dieser Sparmaßnahmen wuchs mein Vermögen kaum an.	
10	Ich interessierte mich schließlich so für Bankgeschäfte, dass ich mich als Bankkaufmann bewarb.	

KOHL VERLAG
Wir werden Leseprofi / Klasse 9-10
Intensives Training des sinnerfassenden Lesens – Bestell-Nr. 16 769

7 Mein Taschengeld

◆2. Lernschritt

➔ *Beantworte die folgenden Fragen zum Lesetext sinngemäß.*

➔ *Schreibe in vollständigen Sätzen.*

a) Welche Veränderung wurde von meinen Eltern zu meinem 16. Geburtstag vorgenommen?

b) Worauf war ich besonders stolz?

c) Wie fühlte ich mich, nachdem ich das erste Mal Geld mit der EC-Karte abgehoben hatte?

d) Was stellte ich im Laufe der Zeit in Bezug auf die EC-Karte fest?

e) Was entwickelte ich, nachdem ich mir der Vorteile und Gefahren der EC-Karte bewusst geworden bin?

f) Was stieg von Monat zu Monat an?

g) Wozu führte es, dass ich mich immer mehr für Bankgeschäfte interessierte?

★Zusatzaufgabe

Stell dir vor, du musst einer Person erklären, wie man Geld an einem EC-Automaten abhebt. Verfasse eine ausführliche Vorgangsbeschreibung.

Wir werden Leseprofi / Klasse 9-10
KOHL VERLAG

8

Brauchen wir eigentlich Waffen?

Fast jeder Staat hat eine Armee, hat also Soldaten. Entweder Männer und Frauen, die den Wehrdienst freiwillig ausüben oder solche, die aufgrund der jeweiligen Verfassung einen „Dienst an der Waffe“ ausüben müssen. Es werden weltweit wahnsinnig viele Milliarden Euro oder Dollar ausgegeben, um immer neue und technisch vollkommene Vernichtungsmittel zu erfinden und herzustellen. Seit mehr als 70 Jahren gibt es keinen „großen“ Krieg mehr, also keinen Weltkrieg. Aber in vielen Ländern bekämpfen sich Millionen Menschen aus Gründen, die man mit gesundem Menschenverstand gar nicht nachvollziehen kann. Mal geht es um Besitzansprüche an Land und Meer, mal geht es um Rohstoffe, mal um größenwahnsinnige Ideen einzelner sogenannter Machthaber. Dort werden dann die Waffen eingesetzt, die in einigen Ländern der Welt Tag und Nacht produziert werden. Aber muss das alles sein? Die großen Staaten leben seit Beendigung des Zweiten Weltkrieges in Frieden miteinander. Meinungsverschiedenheiten gibt es auch hier immer mal, zum Glück mit Lösungen ohne Waffengewalt. Warum müssen dann einige dieser Staaten, hier vor allem die USA, immer neue und immer teurere Waffen erfinden? Neue Raketenabwehrsysteme sollen installiert werden. Alles dies mit dem Hintergedanken, dass wir jeden Tag von irgendeinem Nachbarstaat angegriffen werden könnten. Aber könnten nicht alle Menschen in Frieden leben, ohne Krieg, ohne Auseinandersetzungen? Welch unvorstellbare Geldmengen wären zur Bekämpfung von Armut und Not auf der Erde übrig!

225 Wörter

▲1. Lernschritt

➔ *Lies die folgenden Sätze aufmerksam durch.*

➔ *Ist die Aussage inhaltlich richtig? Dann kreuze die Aussage an.*

(!) *<u>Achtung</u>: Du darfst jetzt nicht mehr im Text nachlesen!*

Knicke das Blatt entlang dieser Linie nach hinten.

Nr.	Aussage	Richtig X
1	Jeder Staat hat eine Armee.	
2	Weltweit werden wahnsinnig viele Milliarden für Verteidigungsanlagen ausgegeben.	
3	Seit mehr als 60 Jahren gibt es keinen Weltkrieg mehr.	
4	Die Gründe, warum einzelne Länder noch immer Krieg führen, sind meistens sehr gut nachzuvollziehen.	
5	Ein Kriegsgrund sind z.B. die Besitzansprüche einzelner Länder an Land und auf dem Meer.	
6	Ideen einzelner Machthaber führen nie zum Krieg.	
7	In diesen Kriegen werden dann die Waffen eingesetzt, die in einigen Ländern der Welt Tag und Nacht produziert werden.	
8	Die großen Staaten lösen ihre Meinungsverschiedenheiten zum Glück ohne Waffengewalt.	
9	Neue und teurere Waffen werden heutzutage nicht mehr erfunden.	
10	Neue Raketensysteme werden installiert mit dem Hintergedanken, dass irgendein Nachbarstaat jeden Tag angreifen könnte.	

KOHL VERLAG
Wir werden Leseprofi / Klasse 9-10 – Bestell-Nr. 16 769
Intensives Training des sinnerfassenden Lesens

8 Brauchen wir eigentlich Waffen?

◆2. Lernschritt

➔ *Beantworte die folgenden Fragen zum Lesetext sinngemäß.*

➔ *Schreibe in vollständigen Sätzen.*

a) Welche Personen befinden sich größtenteils in den Armeen der einzelnen Länder?

____

____

b) Wofür werden wahnsinnig viele Milliarden ausgegeben? ____________________

____

c) Aus welchen Gründen werden noch immer Kriege geführt? Zähle auf. ____________

____

____

d) Wie werden die Meinungsverschiedenheiten vieler großer Länder gelöst? __________

____

e) Warum produzieren einige dieser friedlichen Staaten trotzdem immer neuere und teurere Waffen?

____

____

f) Wozu könnten die Geldmengen, die bisher für die Waffenproduktion ausgegeben werden, stattdessen benutzt werden?

____

____

★Zusatzaufgabe

Ist es für einen Staat wichtig, Waffen zur Verteidigung zu besitzen? Oder ist ein Staat mit Waffenbesitz insgeheim schon ein potentieller Angreifer? Erörtere.

9 „I have a dream“

Martin Luther King Jr.

Dieser Ausruf anlässlich einer Protestaktion gegen die Rassendiskriminierung in den USA machte Martin Luther-King in weiten Teilen der Welt mit einem Schlag bekannt. Der farbige amerikanische Bürgerrechtler war Pfarrer und Prediger und hatte sich schon früh für den gewaltlosen Widerstand gegen den Staat und gegen die unterschiedliche Behandlung von weißen und farbigen Menschen eingesetzt. Er nahm an vielen Massendemonstrationen teil, wurde mehrfach verhaftet und entging einigen Mordanschlägen. Er wurde der Inbegriff des Kampfes um die Gleichheit aller Menschen unterschiedlicher Rasse und Hautfarbe. Berühmt wurde die durch ihn ins Leben gerufene Demonstration mit dem Marsch gegen Washington im Jahre 1963. Wir können uns kaum vorstellen, dass farbige Kinder nicht in eine Schule gehen durften, in der auch weiße Kinder lernen sollten. Bessere Positionen in vielen Berufen blieben ausschließlich weißen Amerikanern vorbehalten. Die farbigen Menschen wurden nicht als gleichberechtigt angesehen.Dagegen kämpfte Martin Luther-King mit seiner Bürgerrechtsbewegung über viele Jahre an. Mit dem Ruf „I have a dream“ zeigte er der ganzen Welt seine Idee, dass eines Tages farbige und weiße Menschen friedlich auf der ganzen Erde miteinander leben könnten. 1964 erhielt er den Friedensnobelpreis. 1968 wurde er von einem fanatischen weißen Amerikaner in der Stadt Memphis auf offener Straße erschossen. Sein friedlicher Kampf hat viel erreicht, aber die Probleme, die unterschiedliche Hautfarben in vielen Teilen unserer Erde hervorrufen, sind immer noch nicht gelöst.

227 Wörter

▲1. Lernschritt

➔ *Lies die folgenden Sätze aufmerksam durch.*

➔ *Ist die Aussage inhaltlich richtig? Dann kreuze die Aussage an.*

(!) *Achtung: Du darfst jetzt nicht mehr im Text nachlesen!*

Knicke das Blatt entlang dieser Linie nach hinten.

		Richtig X
1	„I have a dream“ war der Ausruf Martin Luther-Kings anlässlich einer Demonstration für höhere Gehälter.	
2	Er war Pfarrer und Prediger, der sich als Bürgerrechtler betätigte.	
3	Er kämpfte für den gewaltlosen Widerstand gegen die unterschiedliche Behandlung von farbigen und weißen Menschen.	
4	Während seiner Zeit als Bürgerrechtler verbrachte er viele Jahre in Memphis im Gefängnis.	
5	Etliche Mordanschläge wurden auf Martin Luther-King verübt.	
6	Er wurde der Inbegriff des Kampfes um die Verbesserung der Stellung der weißen Menschen in der Gesellschaft.	
7	1963 organisierte Martin Luther-King eine Demonstration mit dem Marsch gegen Washington.	
8	Damals sollten weiße Kinder nicht mit farbigen Kindern in eine Schule gehen.	
9	Martin Luther-King kämpfte nur zwei Jahre mit seiner Bürgerrechtsbewegung, war aber überaus erfolgreich.	
10	In vielen Teilen unserer Erde rufen unterschiedliche Hautfarben noch immer Probleme hervor.	

KOHL VERLAG
Wir werden Leseprofi / Klasse 9-10 – Bestell-Nr. 16 769
Intensives Training des sinnerfassenden Lesens

9 „I have a dream“

◆2. Lernschritt

- ➔ *Beantworte die folgenden Fragen zum Lesetext sinngemäß.*
- ➔ *Schreibe in vollständigen Sätzen.*

a) Welcher Ausruf machte Martin Luther-King mit einem Schlag in weiten Teilen der Welt bekannt?

b) Wofür setzte sich Martin Luther-King ein?

c) Wohin führte ihn der Marsch, der ihn berühmt machte?

d) Welche Unterschiede gab es zum Beispiel zwischen der Behandlung weißer und farbiger Kinder?

e) In welchem Bereich erkannte man die farbigen Menschen damals nicht an?

f) Welche Idee brachte Martin Luther-King mit seinem Ruf „I have a dream“ zum Ausdruck?

g) Wie starb Martin Luther-King?

★Zusatzaufgabe

Über die herausragende Persönlichkeit Martin Luther-Kings und seinem friedlichen Kampf für Gleichberechtigung weißer und farbiger Menschen kann man im Internet viel nachlesen. Recherchiere und fasse die wichtigsten Ergebnisse in Stichworten zusammen. Vergleiche deine Ergebnisse mit denen der anderen.

10 Ordnung ist das halbe Leben

Warum finde ich wieder einmal nichts? Ich suche jetzt seit einer halben Stunde einen Auszug aus einem Buch, den ich mir gestern in der Schulbibliothek kopiert habe. Meine Schwester, ein Muster an Pünktlichkeit und Ordnung, hat nur einen einzigen Satz für mich übrig, als sie meine Verzweiflung sieht: „Das ist deine ewige Unordnung, nimm dir ein Beispiel an mir!" Bei mir herrscht tatsächlich das ewige Chaos. Ich suche immer irgendwo irgendetwas. In diesem Augenblick fasse ich den entscheidenden Entschluss: Ich muss auch in meinem Zimmer für Ordnung sorgen! Am anderen Tag kaufe ich mir einen Ordner mit Alphabet und einen kleinen Karteikasten mit Register. Ich arbeite tagelang und sortiere, vernichte alles Überflüssige und versuche, Überblick zu behalten bei meinem Bemühen, diese Unordnung zu entwirren. Ich unterscheide zwischen Schule, Freizeit, Freunden, Verwandten und Hobbies, alle Unterlagen für jedes dieser Themen werden fein säuberlich abgeheftet oder auf den Karteikärtchen verewigt. Mit und mit merke ich, dass es Spaß macht, nicht mehr alles suchen zu müssen und sofort zu wissen, wo ich was finden kann. Als ich das Ergebnis meiner intensiven Arbeit meinen Eltern und meiner Schwester zeige, ernte ich viel Lob und Anerkennung. Diese Ordnungsliebe, die ich mir aus dieser Zeit angeeignet habe, hat mich mein ganzes Leben begleitet. Übrigens, die damals gesuchte Kopie hatte ich in der Bibliothek auf dem Tisch liegen lassen. So konnte ich sie natürlich zu Hause gar nicht finden!

237 Wörter

▲1. Lernschritt

➔ *Lies die folgenden Sätze aufmerksam durch.*
➔ *Ist die Aussage inhaltlich richtig? Dann kreuze die Aussage an.*

(!) *Achtung: Du darfst jetzt nicht mehr im Text nachlesen!*

Knicke das Blatt entlang dieser Linie nach hinten.

		Richtig X
1	Seit drei Stunden suche ich einen Artikel, den ich aus einer Zeitung ausgeschnitten habe.	
2	Meine Schwester ist ein Beispiel für Unpünktlichkeit und Chaos.	
3	Sie sollte sich ein Beispiel an meinem Vater nehmen, riet ihr die Mutter.	
4	Ich fasste nach der Sucherei den Entschluss, für Ordnung im Zimmer zu sorgen.	
5	Tagelang sortierte ich alles in einen Alphabetordner und in einen kleinen Karteikasten mit Register ein.	
6	Ich unterschied zwischen Beruf für den Ordner und Sonstigem für den Karteikasten.	
7	Von meinen Eltern erhielt ich Lob für das Ergebnis meiner Arbeit.	
8	Meine Schwester war total neidisch auf meine aufgeräumten Sachen.	
9	Nach kurzer Zeit verfiel ich aber wieder in mein altes Chaos zurück.	
10	Die ursprünglich gesuchte Kopie hatte ich in der Bibliothek liegen lassen.	

KOHL VERLAG Wir werden Leseprofi / Klasse 9-10 Intensives Training des sinnerfassenden Lesens – Bestell-Nr. 16 769

10 Ordnung ist das halbe Leben

◆2. Lernschritt

➔ *Beantworte die folgenden Fragen zum Lesetext sinngemäß.*

➔ *Schreibe in vollständigen Sätzen.*

a) Woher hatte ich den Auszug aus einem Buch, den ich nun schon seit einer halben Stunde suche?

____

____

b) Wer brachte mir regelmäßig den Satz entgegen, ich solle mir an ihr ein Beispiel nehmen?

____

c) Welchen Entschluss fasse ich, nachdem ich diesen Auszug aus dem Buch suchte?

____

d) Nach welchen Kriterien unterschied ich bei meiner Aufräumaktion? ______________

____

____

e) Wie reagiert meine Familie auf meine Aufräumaktion? ______________

____

f) Was begleitete mich nach dieser Aufräumaktion mein ganzes Leben lang? ______________

____

g) Wo war die gesuchte Kopie aus dem Buch eigentlich abgeblieben? ______________

____

★Zusatzaufgabe

„Wer Ordnung hält, ist nur zu faul zum Suchen!" Das sagt ein Sprichwort. Wie hältst du es mit der Ordnung? Ist sie wichtig für deine Lebensqualität?

11 Das schwimmende Zelt

Unsere Clique bestand aus 9 Personen, 5 Jungen und 4 Mädchen. Unser Treffpunkt abends und am Wochenende war immer die Bank unter der großen Eiche im Stadtpark. Jeder kam, wann er wollte, aber meistens waren wir alle zusammen. Obwohl wir seit Jahren eine verschworene Gemeinschaft waren, entstanden in letzter Zeit einige Spannungen zwischen uns. Der Grund war Marion, ich glaube, wir Jungen waren alle in sie verliebt. Aber keiner outete sich. Marion war zu allen gleichbleibend freundlich und kumpelhaft. Irgendwann kam die Idee auf, dass wir ein Wochenende am Baggersee zelten könnten. Alle zusammen. Unsere Eltern waren einverstanden. Wir organisierten vier Zelte. Wir fünf Burschen hatten zwei, und die Mädels ebenso. Wir saßen des Nachts bis um zwei am Lagerfeuer, dann fing es an zu tröpfeln. Als wir auf unseren Isomatten lagen, hörten wir den inzwischen kräftigen Regen auf unser Zeltdach klatschen. Am anderen Morgen wurde ich geweckt. Irgendwie war etwas anders. Ich wollte neben mich greifen, um auf meine Uhr zu schauen und erstarrte. Ich griff ins Leere, das heißt, meine Hände wurden umspült von Wasser. Unser Zelt war undicht und es hatte mächtig hineingeregnet. Alles war patschnass. Unsere Kleider schwammen. Draußen war ein herrlicher Morgen. Die Mädels waren schon schwimmen gewesen und ein starker Kaffee umspielte unsere Nasen. Wir konnten zum Glück alles trocknen und am Abend, bevor wir nach Hause radelten, war die Welt wieder in Ordnung. Übrigens, keiner von uns war Marion näher gekommen!

242 Wörter

▲1. Lernschritt

➔ *Lies die folgenden Sätze aufmerksam durch.*
➔ *Ist die Aussage inhaltlich richtig? Dann kreuze die Aussage an.*

(!) *Achtung: Du darfst jetzt nicht mehr im Text nachlesen!*

Knicke das Blatt entlang dieser Linie nach hinten.

		Richtig X
1	Der Treffpunkt unserer Clique war eine Bank im Stadtpark.	
2	In der letzten Zeit entstanden einige Spannungen, obwohl wir schon seit Jahren eine verschworene Gemeinschaft waren.	
3	Der Grund für diese Spannungen war Marion, denn ich glaube, alle Jungen waren in sie verliebt.	
4	Marion verhielt sich zu allen gleichbleibend freundlich und kumpelhaft.	
5	ir wollten ein Wochenende am See im Stadtpark zelten.	
6	Dafür organisierten wir 3 Zelte.	
7	Wir saßen bis nachts um zwei am Lagerfeuer und genossen jede Menge Dosenbier.	
8	Am anderen Morgen war etwas anders. Unser Zelt schwamm einige Meter vom Ufer entfernt mitten auf dem See.	
9	Köstlicher Duft nach gebratenem Speck lag in der Luft.	
10	Zum Glück konnten wir alle Dinge trocknen, bevor wir nach Hause radelten.	

Wir werden Leseprofi / Klasse 9-10 Intensives Training des sinnerfassenden Lesens – Bestell-Nr. 16 769
KOHL VERLAG

11 Das schwimmende Zelt

◆2. Lernschritt

➔ *Beantworte die folgenden Fragen zum Lesetext sinngemäß.*

➔ *Schreibe in vollständigen Sätzen.*

a) Aus wie vielen Leuten bestand unsere Clique?

b) Wieso entwickelten sich in letzter Zeit einige Spannungen unter uns?

c) Wie verhielt sich Marion?

d) Wofür wurden vier Zelte organisiert?

e) Wie war das Wetter bei unserem Zeltwochenende?

f) Welche böse Überraschung erlebte ich, als ich aufwachte?

g) Welcher Duft stieg mir beim Aufwachen in die Nase?

h) Welche Folgen hatte das Wochenende für die Freundschaft zu Marion?

★Zusatzaufgabe

Eine weitverbreitete Meinung ist die, dass Männer und Frauen keine Freunde sein können. Irgendwann würde die Liebe, ob nun erfüllt oder unerfüllt, die Freundschaft zerstören. Diskutiert und nehmt Stellung zu dieser Aussage.

12 Alkuin, Einhardt & Co.

„Karl der Große", wer hat diesen Namen nicht schon einmal gehört. Einer der bedeutendsten Staatsmänner nicht nur seiner Zeit, sondern, wenn man die europäische Weltgeschichte anschaut, war er einer der mächtigsten Kaiser und Heerführer überhaupt. Carolus Magnus war sein lateinischer Name. Charlemagne hieß er in Frankreich. Er war König der Franken und römischer Kaiser. Er wurde 67 Jahre alt, war mehrfach verheiratet und hatte fast 20 Kinder, führte viele Kriege, unter anderem gegen die Sachsen, die Langobarden, das arabische Spanien und gegen die Dänen. Es gab nicht nur Siege für ihn, auch einige bittere Niederlagen. Aber im Reichsinneren schaffte er ein einheitliches Frankenreich, er baute viele Kirchen und Klöster. Er lebte viele Jahre in Aachen und wurde dort auch im Jahre 814 in der Pfalzkapelle begraben. Viele wichtige Leute holte er sich an seinen Hof, die besten Künstler, Handwerker und Geisteswissenschaftler. Seine engsten und wichtigsten Berater waren Alkuin und Einhardt. Alkuin war ein hochgebildeter Theologe und Philosoph. Als Abt eines bedeutenden Klosters in Tours in Frankreich wurde er Karls Berater in vielen religiösen und weltlichen Belangen. Einhardt oder auch Bezalee genannt, war der Biograph Karls des Großen und sein engster Vertrauter. Als Gesandter war er in vielen Brennpunkten der damaligen Politik tätig. Ihm verdanken wir auch fast alles, was wir heute über diese Zeit wissen. Immer noch hochaktuell ist sein literarisches Werk „Vita Caroli Magni", eine Fundgrube für alle Historiker. In Aachen erinnern zwei Schulen an diese beiden bedeutenden Männer, die Alkuin-Schule und das Einhardt-Gymnasium.

251 Wörter

▲1. Lernschritt

➔ *Lies die folgenden Sätze aufmerksam durch.*

➔ *Ist die Aussage inhaltlich richtig? Dann kreuze die Aussage an.*

(!) *<u>Achtung</u>: Du darfst jetzt nicht mehr im Text nachlesen!*

- -

Knicke das Blatt entlang dieser Linie nach hinten.

Nr.	Aussage	Richtig X
1	Karl der Große war einer der bedeutendsten Staatsmänner.	
2	In Frankreich wurde er Charlemagne genannt, sein lateinischer Name war Carolus Magnus.	
3	Karl führte viele Kriege, in denen er nie Niederlagen hinnehmen musste.	
4	Viele Jahre lebte Karl der Große in Berlin, wo er auch begraben wurde.	
5	Er holte sich die besten Künstler, Handwerker und Geisteswissenschaftler an seinen Hof.	
6	Karls wichtigste Berater waren sein Pfarrer und seine Staatssekretäre.	
7	Alkuin war ein geschickter Handwerker und Geschichtenerzähler.	
8	Einhardt wurde auch Bezalee genannt und war Karls Biograph.	
9	Heute wissen wir vieles über Karl den Großen durch die zahlreichen Schriften unterschiedlichster Autoren.	
10	In Aachen erinnern zwei Schulen an die beiden bedeutenden Männer Alkuin und Einhardt.	

Wir werden Leseprofi / Klasse 9-10 – Bestell-Nr. 16 769
Intensives Training des sinnerfassenden Lesens
KOHL VERLAG

12 Alkuin, Einhardt & Co.

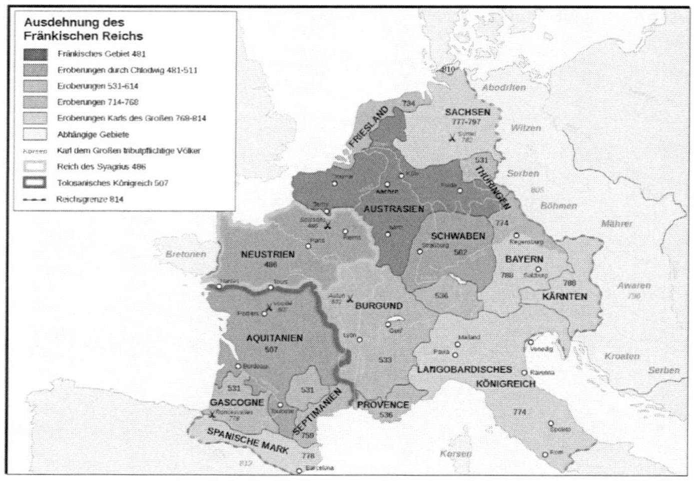

◆2. Lernschritt

➔ *Beantworte die folgenden Fragen zum Lesetext sinngemäß.*

➔ *Schreibe in vollständigen Sätzen.*

a) Wer war Karl der Große, wenn man die europäische Weltgeschichte anschaut?

____

____

b) Was weiß man über die Person Karls des Großen? ____________________

____

c) Was schaffte Karl der Große im Innern seines Reiches? ____________________

____

d) Wer waren Alkuin und Einhardt? ____________________

____

e) Welchen Beruf hatte Einhardt? ____________________

____

f) Wieso war Einhardt für unser heutiges Wissen über Karl den Großen so bedeutend?

____

____

g) Was erinnert in Aachen an die beiden bedeutenden Männer Alkuin und Einhardt?

____

____

★Zusatzaufgabe

Auf der Karte oben siehst du das Herrschaftsgebiet „Karls des Großen". Welche heutigen Länder gehören zum damaligen Herrschaftsgebiet? Erstelle eine Liste.

13 Die alten Germanen

Gab es die „Alten Germanen" überhaupt? Es ist mit Sicherheit nicht so gewesen, wie wir uns das heute manchmal vorstellen. Der Begriff „Germanen" ist vor allem vom römischen Feldherrn und Staatsmann Gaius Julius Caesar geprägt und benutzt worden. In Wirklichkeit trug wahrscheinlich nur ein kleiner Volksstamm diesen Namen. Die übrigen Bewohner des Landes, das den Germanen zugeordnet wurde, setzten sich aus zahlreichen unterschiedlichen Volksstämmen zusammen. Da gab es die Friesen, die Chauken und die Sachsen, die Trenkterer und Cherusker, die Langobarden und die Semnonen und die Markomannen, die Lugier und die Wandalen und Goten. Kaum einer der Angehörigen dieser Stämme konnte sich mit einem Menschen eines anderen Stammes verständigen. Die Unterschiede der verschiedenen Sprachen waren zu groß. Die römischen Geschichtenschreiber und eben auch Caesar mit seinem Gefolge gaben den Namen „Germanen" einfach allen Einwohnern der Gebiete jenseits der Alpen. Aber es dauerte noch mehrere Jahrhunderte, ehe sich aus den verschiedenen Großstämmen nördlich der Alpen ein gemeinsames neues Zusammengehörigkeitsgefühl entwickelte. Aber erst durch große Wanderungen der Mitglieder der einzelnen Stämme durch Europa hoch nach Norden und weit nach Osten entstand endlich das germanische Reich. Trotzdem wurden nur Teile dieser riesigen Fläche bewohnt und bebaut. Große Sumpf- und Moorflächen trennten ebenso das Land und seine Bewohner voneinander wie auch Wald und Ödland. Langsam wuchsen dann auch die sozialen Unterschiede. Der Adel entwickelte sich, man unterschied zwischen ihm und dem Bauernstand. Es gab die sogenannten Freien, Halbfreien und Sklaven. Aber wie man sieht, gab es die „Alten Germanen", wie man vielleicht geglaubt hat, nicht.

254 Wörter

▲1. Lernschritt

➔ *Lies die folgenden Sätze aufmerksam durch.*
➔ *Ist die Aussage inhaltlich richtig? Dann kreuze die Aussage an.*

(!) *Achtung: Du darfst jetzt nicht mehr im Text nachlesen!*

Knicke das Blatt entlang dieser Linie nach hinten.

		Richtig X
1	Der Begriff Germanen war weit verbreitet und wurde nördlich der Alpen häufig benutzt.	
2	Wahrscheinlich trug nur ein einzelner Volksstamm den Namen Germanen.	
3	Die Unterschiede in der Sprache waren zwischen den einzelnen Stämmen zu groß, sodass sie sich nicht untereinander verständigen konnten.	
4	Die römischen Geschichtenschreiber gaben den Namen Germanen nur einzelnen Stämmen nördlich der Alpen.	
5	Bis sich aus den vielen Einzelstämmen nördlich der Alpen eine Zusammengehörigkeit entwickelte, dauerte es nur wenige Jahre.	
6	Das germanische Reich entstand durch große Wanderungen einzelner Stammesmitglieder Richtung Norden und Osten.	
7	Ganz Germanien war flächendeckend besiedelt.	
8	Mit der Zeit wuchsen auch die sozialen Unterschiede.	
9	Es entwickelte sich Adel, der sich von den Freien, Halbfreien und Sklaven unterschied.	
10	Die Alten Germanen besiedelten also das Reich südlich der Alpen, so wie Caesars Geschichtsschreiber es erzählt hatten.	

Wir werden Leseprofi / Klasse 9-10
Intensives Training des sinnerfassenden Lesens – Bestell-Nr. 16 769
KOHL VERLAG

13 Die alten Germanen

◆2. Lernschritt

➔ *Beantworte die folgenden Fragen zum Lesetext sinngemäß.*

➔ *Schreibe in vollständigen Sätzen.*

a) Wer benutzte den Begriff Germanen und wieso ist diese Bezeichnung eigentlich so nicht richtig?

____

____

____

b) Worin lag das größte Hindernis, das die einzelnen Stämme, die alle als Germanen bezeichnet wurden, nicht überwinden konnten?

____

____

c) Wie entstand letztlich das germanische Reich? ______________________

____

____

d) Welche landschaftlichen Gegebenheiten trennten das riesige Land und seine Bewohner?

____

____

e) Welche sozialen Unterschiede entwickelten sich mit der Zeit? ______________

____

____

★Zusatzaufgaben

- *Was hatte Gaius Julius Caesar mit den sogenannten Germanen zu tun?*
- *Welchen Lebensstil pflegten die alten Germanen? Was kann man heute über sie und ihre Handwerkskunst erfahren? Recherchiere im Internet.*

Wir werden Leseprofi / Klasse 9-10

14 Die Europäische Union

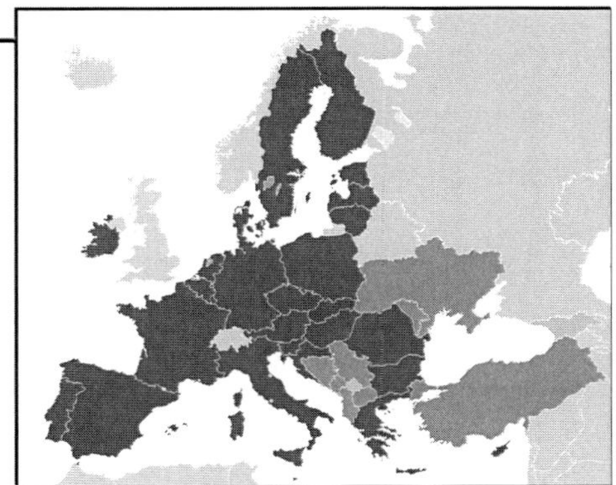

Die Europäische Union (EU) ist ein Staatenverbund, der von 27 europäischen Staaten gebildet wird. Die Mitgliedsstaaten sind Belgien, Bulgarien, Dänemark, Deutschland, Estland, Finnland, Frankreich, Griechenland, Irland, Italien, Kroatien, Lettland, Litauen, Luxemburg, Malta, Niederlande, Österreich, Polen, Portugal, Rumänien, Schweden, Slowakei, Slowenien, Spanien, Tschechien, Ungarn und Zypern. Fast eine halbe Milliarde Menschen leben in diesen Ländern. Einige dieser Länder sind Gründungsmitglieder der EWG (Europäische Wirtschaftsgemeinschaft), ein Vorläufer der EU, wie z.B. Frankreich, Deutschland oder Italien. Andere Länder sind erst in jüngster Zeit beigetreten, wie Bulgarien oder Rumänien. Weitere Länder bemühen sich um den Beitritt und müssen jetzt die Bedingungen dafür erfüllen, wie zum Beispiel die Türkei. Gemeinsam erwirtschaften die Mitgliedsstaaten der Europäischen Union das größte Bruttoinlandsprodukt (BIP) der Welt. Am 1. November 1993 ist der Vertrag in Kraft getreten, auf dem die gegenwärtige Europäische Union basiert. Ihre drei Säulen sind die europäischen Gemeinschaften, eine gemeinsame Außen- und Sicherheitspolitik und die Zusammenarbeit in polizeilichen und gerichtlichen Strafsachen. Die Kommission, der Rat und das Parlament stellen die politische Grundlage der EU dar. Die Europäische Kommission schlägt Gesetze vor und überwacht die EU-Programme und den Haushalt. Der Rat der EU stimmt den Gesetzen zu, schließt internationale Verträge und stellt den Haushalt auf. Das Europäische Parlament stimmt dem Haushalt und den Gesetzen zu. Der Europäische Rat fällt Grundsatzentscheidungen. Diese Strukturen werden auch sehr kritisch bewertet, zumal die Länder sich mit ihren Gesetzen den EU-Vorgaben anpassen müssen. Vorläufig gibt es einen Stopp für die Ratifizierung des Vertrages über eine europäische Verfassung. Diesem ungelösten politischen Problem müssen sich die Parlamentarier als nächstes stellen.

262 Wörter

▲1. Lernschritt

➔ *Lies die folgenden Sätze aufmerksam durch.*
➔ *Ist die Aussage inhaltlich richtig? Dann kreuze die Aussage an.*

(!) *<u>Achtung</u>: Du darfst jetzt nicht mehr im Text nachlesen!*

- -

Knicke das Blatt entlang dieser Linie nach hinten.

Nr.	Aussage	Richtig X
1	Die Europäische Union ist ein Staatenverbund europäischer Länder.	
2	Fast eine halbe Million Menschen leben in den Ländern der EU.	
3	In jüngster Zeit sind keine neuen Länder der EU beigetreten.	
4	Die EU basiert auf drei Säulen.	
5	Alle Länder der EU arbeiten in polizeilichen und gerichtlichen Strafsachen zusammen.	
6	Die Europäische Kommission schlägt Gesetze vor.	
7	Grundsatzentscheidungen fällen die Präsidenten der Mitgliedsländer.	
8	Kein Mitgliedsland muss sich mit seinen Gesetzen den EU-Vorgaben anpassen.	
9	Alle EU-Mitgliedsstaaten sind immer einer Meinung.	
10	Die Parlamentarier müssen sich den ungelösten politischen Problemen stellen.	

Wir werden Leseprofi / Klasse 9-10 – Bestell-Nr. 16 769
Intensives Training des sinnerfassenden Lesens
KOHL VERLAG

14 Die Europäische Union

◆2. Lernschritt

➔ *Beantworte die folgenden Fragen zum Lesetext sinngemäß.*

➔ *Schreibe in vollständigen Sätzen.*

a) Was ist die Europäische Union?

b) Wie viele Menschen leben ungefähr in der Europäischen Union?

c) Was bedeutet der Begriff EWG?

d) Gehört die Türkei auch zur EU?

e) Was müssen weitere mögliche Beitrittskandidaten zum Beitritt in die EU erfüllen?

f) Was sind die drei Säulen der EU?

g) Was ist mit den Gesetzen der EU-Mitgliedsländer?

★Zusatzaufgabe

Erkläre mit Hilfe des Lexikons oder des Internets die folgenden Begriffe: Ratifizierung, Parlamentarier, Bruttoinlandsprodukt

15 Freud & Light

Diese Überschrift las ich in einem Beitrag in unserer Zeitung. Ich wusste, dieser Artikel war etwas für meine Tante Nelly. Eigentlich hieß sie Petronella, aber alle nannten sie nur Nelly. Wie konnte man nur einem Kind einen solchen Namen geben! Also, meine Tante war ein fanatischer Gesundheitsfreak. Ernährung war ihr Steckenpferd. Wenn sie mal bei uns war, wussten wir spätestens nach einer halben Stunde, was wir bei unserem Essen alles falsch machen. Meine Mutter kocht viel zu fett und nie die richtigen Gerichte. Morgens Müsli, mittags etwas Salat oder Obst und abends unbedingt Trennkost. Ich war überzeugt, dass Tante Nelly in vielen Dingen Recht hatte, aber ein schönes Stück Fleisch mit fettiger Soße und Kartoffeln mit Gemüse hatte auch etwas für sich. Wenn ich mir vorstelle, dass ich, bevor ich in die Schule gehe, schon einen Bananen-Apfel-Joghurt essen müsste, mittags Lachssteak in mediterranem Gemüsegratin und abends Ofenkartoffeln mit Schnittlauchquark – ich glaube, meine Mutter bekäme unser aller Kündigung als Köchin ausgesprochen. Alle die verschiedenen Zutaten kaufen ist bestimmt teurer als unser jetziges Essen. Die „Gesundheits-Apostel" und Ernährungsexperten mögen ja in vielen Dingen Recht haben, aber es dauert bestimmt noch lange, ehe jeder Haushalt umgestimmt ist auf das gewiss gesundere Essen. Wir alle essen wirklich zu fett, zu stark gewürzt und zu viel. Aber manchmal habe ich das Gefühl, dass auch der Schlankheitswahn eine große Rolle bei der Propagierung der neuen Esskultur spielt. Da mache ich es lieber wie mein Freund Sven, der hin und wieder eine kalorienreiche „Vesperplatte" isst, und der ist auch nicht dick!

257 Wörter

▲1. Lernschritt

➔ *Lies die folgenden Sätze aufmerksam durch.*
➔ *Ist die Aussage inhaltlich richtig? Dann kreuze die Aussage an.*

(!) *Achtung: Du darfst jetzt nicht mehr im Text nachlesen!*

- -

Knicke das Blatt entlang dieser Linie nach hinten.

		Richtig X
1	Die Überschrift „Freud & Light am Küchentisch", die ich in unserer Zeitung las, war etwas für meine Tante Nelly.	
2	Meine Tante war ein fanatischer Sportfan und Schlankeitsfanatiker.	
3	War Tante Nelly bei uns, wurden wir darüber aufgeklärt, was wir bei unserer Ernährung alles richtig machten.	
4	Meine Mutter kocht viel zu fett und nie die richtigen Gerichte.	
5	Ich war überzeugt, dass Tante Nelly in vielen Dingen Recht hatte.	
6	Zum Frühstück aß ich nun täglich einen frischen Bananen-Apfel-Joghurt.	
7	Meine Leibspeise abends wurden Ofenkartoffeln mit Schnittlauchquark.	
8	Die verschiedenen Zutaten für das „Gesundheitsessen" zu kaufen, ist bestimmt teurer als unser jetziges Essen.	
9	Wir alle essen wirklich zu fett, zu stark gewürzt und zu viel.	
10	Mein Freund Sven, der hin und wieder eine kalorienreiche Vesperplatte isst, der ist auch nicht zu dick!	

KOHL VERLAG Wir werden Leseprofi / Klasse 9-10 Intensives Training des sinnerfassenden Lesens – Bestell-Nr. 16 769

15 Freud & Light

◆2. Lernschritt

➔ *Beantworte die folgenden Fragen zum Lesetext sinngemäß.*

➔ *Schreibe in vollständigen Sätzen.*

a) Welchen Namen hatte meine Tante von ihren Eltern erhalten? ______________________

____

b) Worüber wussten wir binnen kürzester Zeit Bescheid, wenn meine Tante uns besuchen kam?

____

____

c) Wofür habe ich, trotz der Tatsache, dass ich meiner Tante in vielen Dingen Recht gebe, eine kleine Schwäche?

____

____

d) Was würde meine Mutter erhalten, wenn sie Tante Nellys Ernährungsvorschläge umsetzen würde?

____

____

e) Was wird bestimmt noch lange dauern, auch wenn die Ernährungsexperten in vielen Dingen Recht haben mögen?

____

____

f) Was spielt bestimmt auch bei der Propagierung der neuen Esskultur eine Rolle?

____

g) Was verdrückt mein Freund Sven hin und wieder? ______________________________

____

★Zusatzaufgabe

Ist unsere Ernährung verkehrt? Stimmt es denn, dass der Schlankheitswahn die neue Esskultur propagiert? Diskutiert und nehmt Stellung dazu.

16 Eine Reise in die Vergangenheit

Ich bin in Aachen geboren, meine Eltern und deren Eltern ebenso. Wir sind also alle echte 'Öcher'. Aber mein Opa hat in der Nachkriegszeit zwei Jahre in Münster gelebt. Eines Tages kam er zu uns und lud meine Eltern und mich zu einer, wie er sagte, Erinnerungstour nach Münster ein. Er hatte in einem kleinen Hotel, mitten in der Innenstadt, Zimmer gebucht und so fuhren wir Vier an einem Samstagmorgen voller Erwartungen in die westfälische Hauptstadt. Als Erstes fiel mir auf, dass scheinbar alle Menschen mit dem Fahrrad unterwegs waren, junge ebenso wie alte Leute. Am Prinzipalmarkt standen hunderte dieser Drahtesel fein säuberlich in Reih und Glied, die Besitzer saßen in den Straßencafés oder schlenderten durch die Stadt. Einige kauften gerade fürs Wochenende ein und erledigten mit einer faszinierenden Ruhe alle ihre dringenden Besorgungen. Besonders beeindruckte mich die St.-Lamberti-Kirche mit den Wiedertäuferkäfigen. Die Wiedertäufer waren eine religiöse Vereinigung, die im 16. Jahrhundert besonders in Münster eine Schreckensherrschaft errichteten. Mein Opa hatte früher am Rande von Münster gewohnt, direkt neben großen Feldern und Schrebergärten. Am Sonntagmorgen fuhren wir in diese Gegend. Opa musste lange suchen, ehe er den „Heimstättenweg", so hieß seine Straße, gefunden hatte, denn alles hatte sich verändert. Die Wiesen und Felder waren verschwunden, stattdessen standen dort große Mehrfamilienhäuser. Neue Straßen waren entstanden und den kleinen Tante-Emma-Laden an der Ecke gab es auch nicht mehr. Die alten Häuser, die mein Opa aus der Zeit von früher kannte, waren modernisiert worden und erstrahlten in frischen, hellen Farben. Das Wochenende war sehr schön gewesen, aber Opa war enttäuscht, dass er sein altes Wohnviertel nicht mehr erkannt hatte.

272 Wörter

▲1. Lernschritt

➔ *Lies die folgenden Sätze aufmerksam durch.*
➔ *Ist die Aussage inhaltlich richtig? Dann kreuze die Aussage an.*

(!) *Achtung: Du darfst jetzt nicht mehr im Text nachlesen!*

Knicke das Blatt entlang dieser Linie nach hinten.

		Richtig X
1	Mein Opa hat in der Nachkriegszeit vier Jahre in Münster gelebt.	
2	Eines Tages musste mein Vater geschäftlich nach Münster und lud deshalb Opa und uns zu einer Erinnerungstour ein.	
3	Mutter hatte ein schickes Wellnesshotel in der Innenstadt gebucht.	
4	Mir fiel als erstes auf, dass scheinbar alle Menschen in Münster mit dem Fahrrad unterwegs waren.	
5	Am Prinzipalmarkt standen hunderte von Drahtesel in Reih und Glied.	
6	Mich beeindruckte besonders der Petersdom.	
7	Mein Opa hatte früher in der Innenstadt von Münster gewohnt, die damals besonders vornehm war.	
8	Lange suchte mein Opa, bevor er seine alte Straße wieder fand.	
9	Die alten Häuser sahen noch genauso wie früher aus.	
10	Den Tante-Emma-Laden an der Ecke gab es nicht mehr.	

KOHL VERLAG Wir werden Leseprofi / Klasse 9-10 Intensives Training des sinnerfassenden Lesens – Bestell-Nr. 16 769

16 Eine Reise in die Vergangenheit

Prinzipalmarkt Münster

◆2. Lernschritt

➔ *Beantworte die folgenden Fragen zum Lesetext sinngemäß.*

➔ *Schreibe in vollständigen Sätzen.*

a) Was bedeutet der Begriff „Öcher“?

b) Wieso fuhren wir nach Münster?

c) Was fiel in Münster als Erstes ins Auge?

d) Welche Stimmung herrschte bei den Leuten, die in der Innenstadt unterwegs waren?

e) Wer waren die Wiedertäufer?

f) Wieso musste mein Opa lange suchen, ehe er seine alte Straße wiedergefunden hatte?

g) Beschreibe die Veränderungen, die das alte Wohnviertel meines Großvaters im Gegensatz zu früher durchgemacht hatte.

★Zusatzaufgabe

Erkundige dich nach Veränderungen in deiner Region, indem du Zeitzeugen befragst.

17 Sterne, Planeten, Meteore

Die Astronomie, das griechische Wort für Sternenkunde, beschäftigt die Menschheit seit Tausenden von Jahren. Früher glaubten unsere Vorfahren, dass Sterne einfach nur leuchtende Punkte seien, die am Himmelsdach angebunden sind. Erst später fanden die Wissenschaftler des Altertums heraus, dass Sterne, Sonne und Mond eigene Himmelskörper sind. Heute unterscheiden wir zwischen Planeten, Meteoren und Sternen. Es sind unvorstellbare Zahlen und Entfernungen, die uns im Weltall immer noch viele Rätsel aufgeben. Es gibt in unserer Milchstraße etwa 200 Milliarden Sterne, die aber in riesigen Entfernungen voneinander stehen. Daher können wir ohne optische Hilfsmittel, also mit bloßem Auge, lediglich 2000 bis 3000 dieser Himmelskörper erkennen. Außer Sonne und Mond können wir mit bloßem Auge von uns aus noch fünf von acht Planeten sehen. Sie sind nach griechischen und römischen Göttern benannt und heißen Merkur, Venus, Mars, Jupiter und Saturn. Die anderen drei Planeten, die wir mit bloßem Auge nicht sehen können, sind Uranus, Neptun und natürlich unsere Erde, die wir selbstverständlich selbst nicht betrachten können. Der größte dieser mit dem Auge sichtbaren Planeten ist der Jupiter. Er ist mit 142.984 km Durchmesser ungefähr elf Mal größer als die Erde. Der kleinste Planet ist der Merkur. Der Italiener Galileo Galilei entdeckte als erster mit seinem für die heutige Zeit primitiven Himmelsfernrohr, dass die Milchstraße einer riesigen Scheibe ähnelt. Auf dieser Scheibe ist die Erde nicht der Mittelpunkt, sondern sie liegt am Rand dieses riesigen Systems. Durch die Weltraumexpeditionen sind wir zwar unseren Nachbarsternen nähergekommen, aber erst Mond, Mars und Venus haben wir auf diesen Entdeckungsreisen besser kennen gelernt. Die nächsten Generationen werden vielleicht eines Tages Möglichkeiten finden, die riesigen Entfernungen zwischen Erde und den Planeten schneller zu überbrücken.

277 Wörter

▲1. Lernschritt

➔ *Lies die folgenden Sätze aufmerksam durch.*

➔ *Ist die Aussage inhaltlich richtig? Dann kreuze die Aussage an.*

(!) *Achtung: Du darfst jetzt nicht mehr im Text nachlesen!*

Knicke das Blatt entlang dieser Linie nach hinten.

		Richtig X
1	Früher glaubten unsere Vorfahren, Sterne wären am Himmelsdach angebunden.	
2	Erst die Wissenschaftler der Neuzeit fanden heraus, dass Sterne eigene Himmelskörper sind.	
3	Die Milchstraße hat etwa 200 Milliarden Sterne, die in riesigen Entfernungen voneinander entfernt stehen.	
4	Es gibt außer Sonne und Mond insgesamt acht Planeten in unserem Sonnensystem, von denen wir aber nur fünf mit dem bloßen Auge betrachten können.	
5	Die Planeten sind alle nach ägyptischen Göttern benannt.	
6	Galilei entdeckte als erster, dass die Milchstraße einem großen Quadrat ähnelt.	
7	Die Erde ist nicht der Mittelpunkt der Milchstraße, sondern sie liegt am Rand dieses riesigen Systems.	
8	Durch Weltraumexpeditionen haben wir natürlich unsere Nachbarsterne besser kennen gelernt.	
9	Diese Entdeckungsreisen waren meist mit geringem Zeitaufwand und mit geringen Gefahren verbunden.	
10	Die nächsten Generationen finden vielleicht Möglichkeiten, die riesigen Entfernungen zwischen Erde und den Planeten schneller zu überbrücken.	

KOHL VERLAG Wir werden Leseprofi / Klasse 9-10 Intensives Training des sinnerfassenden Lesens – Bestell-Nr. 16 769

17 Sterne, Planeten, Meteore

◆2. Lernschritt

➔ *Beantworte die folgenden Fragen zum Lesetext sinngemäß.*

➔ *Schreibe in vollständigen Sätzen.*

a) Was dachte die Menschheit früher über die Sterne? ____________________

____

b) Wie stehen die 200 Milliarden Sterne in unserer Milchstraße zueinander? __________

____

____

c) Wie viele Planeten können wir ohne optische Hilfsmittel mit dem bloßen Auge erkennen?

____

d) Was entdeckte der Italiener Galileo Galilei? ____________________

____

____

e) Wo liegt die Erde in der Milchstraße? ____________________

____

f) Wie kam es, dass wir Mars, Venus und Mond besser kennen lernen konnten?

____

g) Welche Möglichkeiten der besseren Erforschung der Planeten werden vielleicht kommende Generationen haben?

____

____

★Zusatzaufgabe

Erstellt gemeinsam ein Modell oder eine Skizze, in der ihr die Umlaufbahnen der einzelnen Sterne mit Sonne und Erde darstellt.

18

Der Mauerfall

Die Bundesrepublik Deutschland und die Deutsche Demokratische Republik, kurz die DDR, waren seit 1961 durch den Bau einer Mauer strikt getrennt. Die DDR kontrollierte die Ausreisen aller Personen und genehmigte nur Bürgern die Ausreise, von denen sie relativ sicher sein konnten, dass sie auch zurückkehren würden und ein gewisses Alter überschritten hatten. So wurden ganze Familien durch den Mauerbau getrennt und sahen sich jahrelang nicht wieder. So ging es auch meinem Großvater. Er war in der Nacht vom 22. auf den 23. März 1954 aus der ehemaligen DDR in den Westen geflohen und hatte seine Mutter Hermine und seine zwei jüngeren Schwestern zurücklassen müssen. Damals wurden schon die Grenzen kontrolliert, weshalb mein Großvater in einer Nacht- und Nebelaktion über die noch grüne Grenze verschwand. Seine Mutter, inzwischen alt und gebrechlich, sah er 1967 das erste Mal wieder, als sie uns für fünf Tage im Westen besuchen durfte. Das war vor allem für meine Mutter und meine beiden Onkel ein unvorstellbares Erlebnis, hatten sie doch ihre Oma noch nie gesehen. Erst 1988 durfte mein Großvater das erste Mal in die DDR einreisen und sah nach 34 Jahren seine inzwischen erwachsenen Schwestern wieder. Er lernte deren Männer und Kinder kennen. Erst nach der Maueröffnung trafen wir den Rest unserer Familie. Am Freitag, den 10. November 1989 erreichte uns die Nachricht. Ich weiß noch, dass wir am Frühstückstisch saßen, als mein Opa zu uns hineingestürmt kam und rief: „Die Mauer ist offen!" Er hatte die halbe Nacht vor dem Fernseher verbracht und live die Bekanntgabe der Grenzübergangsöffnungen mitbekommen. Meine Mutter und mein Opa umarmten sich und heulten. Mein erster Gedanke war: „Dann kann uns die Uroma ja endlich ohne Stress zu meinem Geburtstag im Dezember und zu Weihnachten besuchen kommen!"

293 Wörter

▲1. Lernschritt

➔ *Lies die folgenden Sätze aufmerksam durch.*

➔ *Ist die Aussage inhaltlich richtig? Dann kreuze die Aussage an.*

(!) *Achtung: Du darfst jetzt nicht mehr im Text nachlesen!*

Knicke das Blatt entlang dieser Linie nach hinten.

Nr.	Aussage	Richtig X
1	Die Bundesrepublik Deutschland und die Deutsche Demokratische Republik waren seit 1910 strikt getrennt.	
2	Aus der DDR durften alle Personen ausreisen, die Verwandte in der Bundesrepublik Deutschland hatten.	
3	Durch den Mauerbau wurden ganze Familien getrennt.	
4	Mein Großvater floh aus der DDR und ließ seine Mutter sowie seine Brüder zurück.	
5	Als Opas Mutter das erste Mal in den Westen kam, sahen meine Mutter und ihre zwei Brüder ihre Oma das erste Mal.	
6	Opas Schwester begleitete die Uroma Hermine auf ihrer ersten Reise.	
7	Erst 1988 durfte mein Opa das erste Mal in die DDR einreisen.	
8	Mein Opa hatte die halbe Nacht vor dem Fernseher verbracht und live die Bekanntgabe der Grenzübergangsöffnungen miterlebt.	
9	Aus den Nachrichten erfuhren wir von der Maueröffnung.	
10	Mein erster Gedanke war: „Dann kann die Uroma ja endlich ohne Stress zu meinem Geburtstag im Dezember zu uns kommen!"	

Wir werden Leseprofi / Klasse 9-10 – Bestell-Nr. 16 769
Intensives Training des sinnerfassenden Lesens
KOHL VERLAG

18 Der Mauerfall

◆2. Lernschritt

➔ *Beantworte die folgenden Fragen zum Lesetext sinngemäß.*

➔ *Schreibe in vollständigen Sätzen.*

a) In welchem Teil Deutschlands lebten wir (mein Opa, meine Eltern und ich) bis 1989?

b) In welchem verwandtschaftlichen Verhältnis stand die Frau namens Hermine aus der ehemaligen DDR zu mir?

c) Welche Personen bekamen zu DDR-Zeiten eine Ausreise in den Westen genehmigt?

d) Weshalb sah mein Opa seine Schwestern und seine Mutter jahrelang nicht wieder?

e) Was war für meine Mutter und meine beiden Onkel im Jahre 1967 ein unvorstellbares Erlebnis?

f) Wann trafen wir den Rest unserer Familie wieder?

g) Wer überbrachte uns freudestrahlend die Nachricht der Maueröffnung?

h) Worüber freute ich mich nach der Maueröffnung am meisten?

★Zusatzaufgabe

Befragt Zeitzeugen, wie sie die Maueröffnung erlebt haben. Was können sie davon berichten? Tauscht eure Ergebnisse anschließend untereinander aus.

19 Die Uhr tickt

„Die Uhr tickt.“ Diesen Ausspruch hört man jeden Tag in den verschiedensten Situationen. Die Uhr begleitet schon die Kleinsten genauso wie die Erwachsenen. Zum pünktlichen Aufstehen klingelt der Wecker, in der Schule wird jede Pause mittels Blick auf die Armbanduhr herbeigesehnt. Der Pausengong zeigt das Ende der Schulstunden an. Pünktlich, kaum das man zu Hause angekommen ist, steht das Mittagessen auf dem Tisch. Um 17 Uhr beginnt das Training; Fußball, Basketball, Volleyball, was auch immer es ist. Um 19 Uhr sind alle am Tisch zum Abendbrot versammelt. Noch drei Stunden Freizeit, dann ruft für fast alle Schüler das Bett. Bei den meisten berufstätigen Erwachsenen ist die Abhängigkeit von der Uhr genauso. Termine während des Tages, abends oft noch Besprechungen. Dazwischen noch der sogenannte Freizeitstress, der eben auch pünktlich beginnt und endet. Egal, ob nun im Fitnessstudio, im Verein oder unter Freunden. Auch hier zeigt die Uhr das Ende des Tages an. Nun kann endlich die Nachtruhe beginnen. Da kann man sich doch kaum noch den Unterschied vorstellen, wie das früher war, als es nur die Sonnenuhr gab. Die Menschen hatten viel mehr Zeit. Klar mussten sie auch ihr Tagespensum schaffen, aber es kam nicht auf die fünf Minuten an. So gab es viel weniger Hast. Ob die Jäger zwei Stunden oder einen ganzen Tag auf ein Wild warteten, ob der Winter früh oder spät kam, keine Uhr zeigte die verflossenen Stunden an. Nur die Natur beeinflusste die Menschen. Sie allein setzte ihnen ihre Termine. Die große überall anwesende Hetze, die uns die Uhr und unser programmiertes Dasein heute bescheren, die gab es früher nicht. Waren die Menschen damals glücklicher, als wir es heute sind? Man weiß es nicht. Weniger gehetzt waren sie, meiner Meinung nach, auf jeden Fall!

292 Wörter

▲1. Lernschritt

➔ *Lies die folgenden Sätze aufmerksam durch.*

➔ *Ist die Aussage inhaltlich richtig? Dann kreuze die Aussage an.*

(!) *<u>Achtung</u>: Du darfst jetzt nicht mehr im Text nachlesen!*

Knicke das Blatt entlang dieser Linie nach hinten.

Nr.	Aussage	Richtig X
1	Die Uhr begleitet heute schon die Kleinsten, genauso wie die Erwachsenen.	
2	Termine nach Arbeitsende kommen nur bei den wenigsten Erwachsenen vor, da die meisten Leute sich nur für ihre Arbeit interessieren.	
3	Der sogenannte Freizeitstress endet und beginnt für alle auch pünktlich.	
4	Früher hatten die Menschen viel mehr Zeit, da es nur die Sonnenuhr gab.	
5	Bei den Menschen früher kam es nicht darauf an, ob sie heute auch ihr Tagespensum geschafft hatten.	
6	Früher zeigte z.B. den Jägern keine Uhr an, ob sie zwei Stunden oder einen ganzen Tag auf ein Wild gewartet hatten.	
7	Der Mensch war früher lediglich von der Natur beeinflusst. Sie setzte dem Menschen die Termine.	
8	Heute setzt die Natur dem Menschen auch sehr oft die Grenzen.	
9	Die große überall anwesende Hetze, die uns die Uhr und unser programmiertes Dasein heute bescheren, die gab es früher nicht.	
10	Der Autor ist der Meinung, dass die Menschen früher viel gehetzter waren.	

KOHL VERLAG Wir werden Leseprofi / Klasse 9-10 Intensives Training des sinnerfassenden Lesens – Bestell-Nr. 16 769

19 Die Uhr tickt

◆2. Lernschritt

➔ *Beantworte die folgenden Fragen zum Lesetext sinngemäß.*

➔ *Schreibe in vollständigen Sätzen.*

a) Wie beeinflusst die Uhr zum Beispiel das Leben in der Schule?

____

____

b) Was kann man laut Text heute alles unter Freizeitstress verstehen? ____________

____

____

c) Welche Unterschiede zeigt der Text im Umgang mit der Zeit früher und heute? Stelle einen Vergleich an!

____

____

____

____

d) Was beeinflusste den Menschen früher besonders stark? ____________

____

e) Eine Behauptung kann man von den damaligen Menschen im Vergleich zu den heutigen jedoch nicht beweisen. Welche?

____

f) Was, dies ist die Meinung des Textautors über Menschen früher, trifft auf alle Fälle auf die Menschen früher zu, die noch nicht von der Uhrzeit so stark abhängig waren?

____

★Zusatzaufgaben

- *Fühlt ihr euch auch manchmal von der voranschreitenden Tageszeit gehetzt? Tauscht eure Erfahrungen in der Gruppe aus.*
- *Erstellt gemeinsam einen typischen Tagesablauf.*

20 Meine neuen Slipper

Ich bummelte mit einigen Freunden durch unsere Shoppingmeile, so nannten wir die Hauptgeschäftsstraße in unserer kleinen Kreisstadt. 30.000 Einwohner, wir Jugendlichen kennen uns fast alle, zumindest wissen wir, wer wo zur Schule geht. Wir sahen die tausend Sonderangebote, die in jedem Schaufenster ausgestellt waren. Wir machten uns lustig über all das Zeug, das niemand braucht, aber viele kaufen. Plötzlich machte es Klick: Mein Blick hatte sich festgebohrt an einem Paar Schuhe, Slipper, hellbraun, irrer Schnitt, einfach cool! So etwas wollte ich schon lange haben. Den Rest unserer „Sightseeingtour" nahm ich nicht mehr so richtig wahr – ich musste diese Schuhe haben! Ich beeilte mich, nach Hause zu kommen; dort schlich ich um meine Mutter herum, um das Feld zu sondieren. Endlich fasste ich Mut, ich erzählte ihr von meiner Entdeckung. „Mama, von 98,00 € auf 44,00 € herabgesetzt, das muss man einfach ausnutzen!" Morgen Abend war Disco angesagt, da wollte ich die neuen Schuhe haben! Als meine Mutter mich dann fragte, ob denn auch meine Größe vorrätig sei, hatte ich gewonnen. Dass ich mich gar nicht nach meiner Größe erkundigt hatte, verschwieg ich. Ich erhielt 50,00 € und sauste mit dem Fahrrad zum Geschäft. Die Schuhe wurden aus dem Schaufenster geholt, es war das letzte Paar. Aber – nicht ganz meine Größe. Ich brauchte 43, die Schuhe waren 42 ½. Sie zwickten etwas, doch ich missachtete die Warnung der Verkäuferin. Am nächsten Abend glaubte ich, dass jeder auf meine Schuhe schaute. Ich trug sie natürlich ohne Socken, das war einfach so angesagt. Ich tanzte und achtete sehr darauf, dass mir keine(r) auf die Schuhe trat. Irgendwann bemerkte ich ein leichtes Kribbeln an beiden Fersen, es wurde immer stärker. Ich konnte es nicht mehr verdrängen, ich hatte an beiden Füßen dicke Blasen. Auf dem Nachhauseweg trug ich die Schuhe in der Hand. Aber sie blieben meine Lieblingsschuhe – allerdings nur noch mit Strümpfen. Und zusätzlich noch nach einer langen Behandlung mit dem Schuhspanner der Größe 43!

326 Wörter

▲1. Lernschritt

➔ *Lies die folgenden Sätze aufmerksam durch.*

➔ *Ist die Aussage inhaltlich richtig? Dann kreuze die Aussage an.*

(!) *Achtung: Du darfst jetzt nicht mehr im Text nachlesen!*

- -

Knicke das Blatt entlang dieser Linie nach hinten.

		Richtig X
1	Die Shoppingmeile war eine riesige Kaufhauspassage, fast wie die riesigen Einkaufshallen in den großen Städten.	
2	Meine Freunde und ich betrachteten die teuren Auslagen, die sich keiner von uns leisten konnte.	
3	Plötzlich sah ich schwarze Ballerinas, die musste ich einfach unbedingt haben!	
4	Zu Hause schlich ich um meinen Vater herum, um die Lage zu sondieren.	
5	Meine Mutter fragte, ob die Schuhe auch in meiner Größe vorrätig seien.	
6	Zum Glück hatte ich mich im Geschäft erkundigt und festgestellt, dass meine Größe auch vorhanden war.	
7	Die Schuhverkäuferin warnte mich, doch ich missachtete sie.	
8	Ich trug die Schuhe in der Disco mit feinen Seidenstrumpfhosen, so kamen sie richtig zur Geltung.	
9	Das Kribbeln in meinen Versen bedeutete, dass ich an beiden Füßen dicke Blasen hatte.	
10	Die Slipper blieben meine Lieblingsschuhe.	

KOHL VERLAG Wir werden Leseprofi / Klasse 9-10
Intensives Training des sinnerfassenden Lesens – Bestell-Nr. 16 769

20 Meine neuen Slipper

◆2. Lernschritt

➔ *Beantworte die folgenden Fragen zum Lesetext sinngemäß.*

➔ *Schreibe in vollständigen Sätzen.*

a) Wie wird die Situation der Jugendlichen untereinander in der Kreisstadt beschrieben?

____

____

b) Worüber machten meine Freunde und ich uns auf unserem Weg durch die Shoppingmeile lustig? ______________________________

____

c) Was wollte ich nach unserem Bummel durch die Hauptgeschäftsstraße unbedingt haben?

____

d) Warum schlich ich zu Hause um meine Mutter herum? ____________________

____

e) Was verschwieg ich meiner Mutter, um mein Ziel, die Schuhe zu bekommen, nicht zu gefährden? ______________________________

____

f) Wieso warnte mich die Verkäuferin beim Schuhkauf? ____________________

____

g) Worauf achtete ich beim Tanzen in der Disco besonders? ____________________

____

h) Was hatte das immer stärker werdende Kribbeln an beiden Fersen zu bedeuten?

____

★Zusatzaufgabe

Manchmal macht man im Leben den einen oder anderen „unvernünftigen“ Kauf. Ist dir das auch schon einmal passiert? Berichte.

21 Bewerbung

Maria geht in die 9. Klasse der Gesamtschule von Neuenkirchen. Viele Gedanken machen sich ihre Freundinnen und sie um die anstehenden Prüfungen. Aber sie müssen sich jetzt auch schon um eine Lehrstelle bemühen. Für Maria steht fest, dass sie im kaufmännischen Bereich suchen wird. Fünf Bewerbungen hat sie schon losgeschickt, nach dem Schema, dass sie mit ihrer Lehrerin Frau Klain durchgenommen haben. Vier große Umschläge kommen zurück, und das ist kein gutes Zeichen, wissen sie von Frau Klain. Darin sind die Bewerbungsunterlagen mit einer Absage. Maria ist schon enttäuscht, aber da ist ja noch die Bewerbung bei einer Brauerei übrig. Am nächsten Tag kommt ein kleiner Umschlag mit der Einladung zu einem Vorstellungsgespräch. Maria ist ganz aus dem Häuschen und ruft erst mal ihre beste Freundin an. Was soll sie anziehen? Ist Schminken richtig? Welche Schuhe sind angebracht? Was heißt eigentlich seriös? Fragen, die sie am nächsten Morgen in der Schule eingehend klären. Maria entscheidet sich für einen knielangen Rock mit geschlossener Bluse und Schuhen mit wenig Absatz. Geschminkt wird nur dezent und so fühlt sie sich angemessen vorbereitet. Die Brauerei ist im Nachbarort und dort trifft sie in der Personalabteilung auf mehrere Bewerber. Maria ist ganz aufgeregt. Hoffentlich wollen die nicht alle Kauffrau oder Kaufmann werden! Aber die Firma sucht für verschiedene Bereiche Auszubildende. Alle beginnen mit einem schriftlichen Eignungstest, bei dem logisches Denkvermögen und Allgemeinwissen abgeprüft werden. „Uff, das ist geschafft", denkt Maria nach einer Stunde. Nun sollen sie bei einem Rollenspiel zeigen, was in ihnen steckt. Für die Auswahl ihrer Gruppe ziehen sie ein Zettelchen aus einem Beutel. Maria übernimmt die Rolle der Bewerberin, die vor dem Personalchef und dem Betriebsrat ein Einstellungsgespräch simuliert. Sie legt sich ordentlich ins Zeug und hofft, zu überzeugen. Nach diesem anstrengenden Vormittag hat sie ein gutes Gefühl und ist sicher, eingestellt zu werden. Aber in den nächsten Tagen sieht sie alles wieder nicht so positiv. 14 Tage macht sie diese Gefühlsschwankungen durch, bis der erlösende Brief mit der positiven Nachricht sie erreicht.

332 Wörter

▲1. Lernschritt

➔ *Lies die folgenden Sätze aufmerksam durch.*

➔ *Ist die Aussage inhaltlich richtig? Dann kreuze die Aussage an.*

(!) *<u>Achtung</u>: Du darfst jetzt nicht mehr im Text nachlesen!*

- -

Knicke das Blatt entlang dieser Linie nach hinten.

Nr.	Aussage	Richtig X
1	Maria macht sich Sorgen um die anstehenden Prüfungen.	
2	Maria will sich im kaufmännischen Bereich um eine Lehrstelle bewerben.	
3	Sie schickt einfach zehn Bewerbungen los.	
4	Es kommen acht Bewerbungen mit einer Absage zurück.	
5	Maria schminkt sich zum Bewerbungsgespräch dezent.	
6	Maria ist beim Bewerbungsgespräch erst einmal aufgeregt.	
7	Die Bewerber werden zur zu einem mündlichen Gespräch gebeten.	
8	Die Firma sucht für verschiedene Bereiche Auszubildende.	
9	Maria legt sich beim Rollenspiel mächtig ins Zeug und ist als Personalchef einsame Spitze.	
10	Nach diesem anstrengenden Vormittag hat Maria ein gutes Gefühl.	

Wir werden Leseprofi / Klasse 9-10
Intensives Training des sinnerfassenden Lesens – Bestell-Nr. 16 769
KOHL VERLAG

21 Bewerbung

◆2. Lernschritt

➔ *Beantworte die folgenden Fragen zum Lesetext sinngemäß.*

➔ *Schreibe in vollständigen Sätzen.*

a) Worum müssen sich Maria und ihre Freundinnen jetzt schon kümmern?

____

____

b) Was bedeutet es, wenn vier große Umschläge zurückkommen? ______________

____

c) Worüber macht sich Maria Gedanken, als sie eine Einladung zu einem Vorstellungsgespräch bekommt?

____

____

d) Welche Gedanken hat Maria, als sie in der Brauerei auf mehrere andere Bewerber trifft?

____

____

e) Was wird bei dem schriftlichen Eignungstest geprüft? ______________

____

f) Welche Rolle simuliert Maria beim Rollenspiel? ______________

____

____

g) Wie fühlt sich Maria, bis sie die positive Nachricht erreicht? ______________

____

★Zusatzaufgabe

Wie sollte eine ordentliche Bewerbung aussehen? Erstelle einen Lebenslauf mit allen detaillierten Angaben und fertige ein mögliches Bewerbungsschreiben für die Firma „Verkauftnix“ an. Vergleiche anschließend mit deinem Partner.

Wir werden Leseprofi / Klasse 9-10

22 Jugendkriminalität

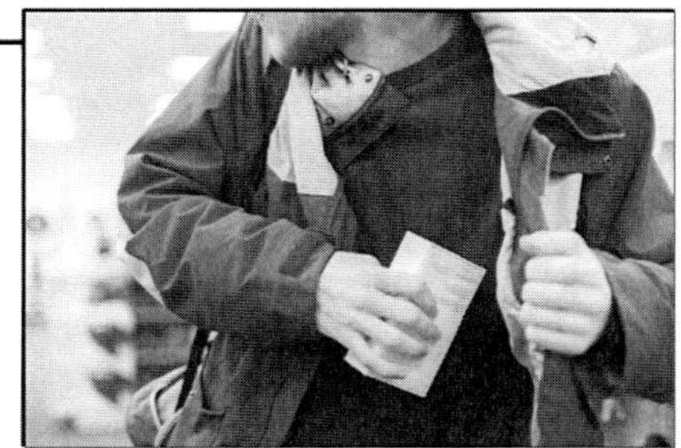

Wenn man erwachsen wird, stellen sich mit der Pubertät bei den meisten Jugendlichen auch die unterschiedlichsten Probleme ein. Man kommt mit der eigenen Persönlichkeit plötzlich nicht mehr so zurecht oder hat Schwierigkeiten in der Familie, in der Schule oder mit Freunden. Hinzu kommt, dass vielen Jugendlichen oft die Perspektive für eine positive Zukunft fehlt, denn der Leistungsdruck der heutigen Gesellschaft steigt stetig immer weiter an. Zusätzlich entwickeln einige eine besondere Neugier oder Frustration, die sie nicht ausreichend und befriedigend ausleben können. Dies sind auch die häufigsten Ursachen für die Straffälligkeit von Jugendlichen. Natürlich bedeutet das nicht, dass jeder, der einmal frustriert ist oder Stress mit den Eltern hat, sofort auch straffällig wird. Aber unterschätzen sollte man die Jugendkriminalität auch nicht. Ein wichtiges Indiz dafür ist, das nur einer von zehn Ladendiebstählen, verübt von Jugendlichen, entdeckt und aufgeklärt wird. Aber was bedeutet Jugendkriminalität überhaupt? Unter Jugendkriminalität versteht man Straftaten, die im Alter zwischen 8 und 21 Jahren begangen werden. Das ist eine große Altersspanne, weshalb für die einzelnen Altersstufen unterschiedliche Gesetze der Strafverfolgung gelten. Alle 8- bis 13-Jährigen sind strafunmündig und können deshalb strafrechtlich nicht verfolgt werden. Jugendliche von 14 bis 18 Jahren fallen unter das Jugendgerichtsgesetz und werden deshalb mit einem eigenen Strafkatalog verfogt und zur Verantwortung gezogen. Von 18 bis 21 Jahren gilt man eigentlich als Erwachsener. Aber in besonderen Fällen wird noch das Jugendstrafrecht angewandt. In allen Altersspannen sind die häufigsten Delikte Diebstähle. Aber auch Körperverletzungen, Verstöße gegen das Betäubungsmittelgesetz und Sachbeschädigung gehören dazu. Das hört sich alles furchtbar an. Bei Sachbeschädigung denken die meisten an zerschlagene Gegenstände und zerbeulte Autos. Aber eine der häufigsten Sachbeschädigungen sind Graffitis. Klar macht es Spaß, diese zu kreieren, aber als Besitzer der besprayten Wand ist man vielleicht über einige Kraftausdrücke an seinem Haus nicht wirklich glücklich. Kommt so eine „leichtere" Straftat ein Mal vor, kann man ja noch von einer „begangenen Dummheit" sprechen. Allerdings gibt es auch unzählige Mehrfachtäter, bei denen es meist nicht bei harmloseren Delikten bleibt. Da fragt man sich schnell, ob aus kriminellen Jugendlichen auch kriminelle Erwachsene werden.

341 Wörter

▲1. Lernschritt

➔ *Lies die folgenden Sätze aufmerksam durch.*

➔ *Ist die Aussage inhaltlich richtig? Dann kreuze die Aussage an.*

(!) *Achtung: Du darfst jetzt nicht mehr im Text nachlesen!*

Knicke das Blatt entlang dieser Linie nach hinten.

		Richtig X
1	In der Pubertät kommen die meisten Jugendlichen nicht mit der eigenen Persönlichkeit klar.	
2	Die meisten Jugendlichen sehen sich einer goldenen Zukunft gegenüber.	
3	Die Jugendkriminalität wird oft zu sehr überschätzt.	
4	Unter Jugendkriminalität versteht man verübte Straftaten von 8- bis 21-jährigen Tätern.	
5	Für die einzelnen Altersstufen gelten unterschiedliche Gesetze.	
6	Deshalb sind 8- bis 16-Jährige noch strafunmündig.	
7	In besonderen Fällen wird für 8- bis 21-Jährige noch das Jugendstrafrecht angewendet.	
8	Die häufigsten Sachbeschädigungen sind zerbeulte Autos.	
9	Die Besitzer graffitiverzierter Wände sind oft nicht gerade glücklich über einige Kraftausdrücke an ihren Wänden.	
10	Bei Mehrfachtätern bleibt es meist nicht bei harmloseren Delikten.	

KOHL VERLAG Wir werden Leseprofi / Klasse 9-10 Intensives Training des sinnerfassenden Lesens – Bestell-Nr. 16 769

22 Jugendkriminalität

◆2. Lernschritt

➔ *Beantworte die folgenden Fragen zum Lesetext sinngemäß.*

➔ *Schreibe in vollständigen Sätzen.*

a) Nenne drei Beispiele für Probleme, die sich mit der Pubertät einstellen können!

____

____

b) Weshalb sehen etliche Jugendliche keine Perspektive für eine positive Zukunft?

____

c) Weshalb sollte man die Jugendkriminalität auch nicht unterschätzen? ______________

____

d) Wie werden die 8- bis 13-Jährigen laut Gesetz behandelt, wenn sie ein Delikt begangen haben?

____

e) Ab 18 Jahren ist man volljährig und erwachsen vor dem Gesetz. Wieso werden dann beispielsweise nicht alle 20-jährigen Täter mit dem Erwachsenenstrafrecht verfolgt?

____

____

f) Nenne zwei der von Jugendlichen am häufigsten begangenen Delikte. ______________

____

g) Welcher Art sind die häufigsten Sachbeschädigungen? ______________

____

h) Welche Frage drängt sich berechtigterweise auf, wenn man an jugendliche Mehrfachtäter denkt?

____

★Zusatzaufgabe

Welche Erfahrungen habt ihr mit jugendlichen Kriminellen gemacht? Auch sogenanntes Mobbing kann zur Körperverletzung werden. Diskutiert.

23 Möchtest du Bundeskanzler sein?

Täglich sahen wir Frau Merkel, unsere frühere Bundeskanzlerin, im Fernsehen. Mal war sie umgeben von ihren Ministern und Fraktionskollegen oder sie zeigte sich in fernen Ländern mit anderen Staatsoberhäuptern. Manch einer seufzt dann und meint: „Die hat es gut, reist auf unsere Kosten durch die Welt und ist auch noch berühmt!“ Aber das ist ja nur die eine Seite eines Lebens in der Öffentlichkeit. Es gibt auch viele Nachteile, viele Situationen, die wir so nicht erleben möchten. Jeden Morgen wird Frau Merkel (sie steht hier synonym auch für ihre männlichen Vorgänger) von ihrem Fahrer abgeholt. Jetzt ist sie schon umgeben von ihren Begleitern, die den ganzen Tag auf sie aufpassen, auch Leibwächter genannt. Heute trifft sie sich um acht Uhr im Bundeskanzleramt zu einer der fast täglichen Besprechungen mit einzelnen Ministern, um über anstehende Probleme zu reden. Um 12 Uhr wird sie wieder abgeholt und mit einem Hubschrauber zum Flughafen gebracht, mittags trifft sie sich mit dem italienischen Ministerpräsidenten in Rom. Abends festliches Essen, danach ins Hotel und am nächsten Tag um 9 Uhr fliegt sie zurück nach Berlin. Um 16 Uhr anlässlich eines Kolloquiums der Gewerkschaft hält sie die Festrede im Kongresssaal. Um 19.30 Uhr ist Sitzung mit den Länderchefs, es geht um die Verabschiedung neuer Gesetze. Um 23.30 Uhr ist sie zu Hause. Am anderen Tag ist sie bereits um 6.30 Uhr unterwegs. Sie fliegt nach Moskau zu einem Gespräch mit ihrem Kollegen Putin. Abends dann der Rückflug. Am nächsten Tag ist Sitzung des Bundestages, unterbrochen durch eine Besprechung mit der Fraktion. Ein paar Tage später steht eine Reise nach Asien an, hier besucht sie mehrere Länder und vertieft die guten Kontakte, die Deutschland in dieser Region hat. Aus dieser fiktiven Auflistung kann man erkennen, was es heißt, ein solch hohes Amt zu bekleiden. Es sind nicht immer nur die schönen Seiten, so wie sie uns gezeigt werden, sondern Stress und Abwesenheit von der Familie. Sie muss immer gut gelaunt sein und sich täglich von ihren Mitarbeitern im Kanzleramt beraten lassen. Denn auch jemand in dieser Position kann nicht alles wissen. Sie braucht die volle Unterstützung ihrer Berater. Und das mindestens vier Jahre lang, bis zur nächsten Bundestagswahl.

364 Wörter

▲1. Lernschritt

➔ *Lies die folgenden Sätze aufmerksam durch.*
➔ *Ist die Aussage inhaltlich richtig? Dann kreuze die Aussage an.*

(!) *Achtung: Du darfst jetzt nicht mehr im Text nachlesen!*

Knicke das Blatt entlang dieser Linie nach hinten.

		Richtig X
1	Frau Merkel wird täglich im Fernsehen gezeigt.	
2	Manch einer meint, Frau Merkel würde sich auf eigene Kosten während der Arbeitszeit Urlaub gönnen.	
3	Das Leben als Bundeskanzlerin hat keine Nachteile.	
4	Den ganzen Tag passen Leibwächter auf sie auf.	
5	Mit dem Schnellzug oder mit der Straßenbahn wird Frau Merkel zum Flughafen gebracht.	
6	Ihre Türkeireise hat ihr zu viele Probleme mit ihren Fraktionskollegen eingebracht.	
7	Sie fliegt nach Moskau zu einem Gespräch mit ihrem Kollegen Putin.	
8	Asien besucht Frau Merkel, um die guten Kontakte, die Deutschland in dieser Region hat, zu vertiefen.	
9	Die weniger guten Seiten, die uns nicht gezeigt werden, sind Stress und Abwesenheit von der Familie.	
10	Das Schlimme ist, dass sie von niemandem unterstützt wird.	

KOHL VERLAG Wir werden Leseprofi / Klasse 9-10 Intensives Training des sinnerfassenden Lesens – Bestell-Nr. 16 769

23 Möchtest du Bundeskanzler sein?

Bundeskanzler Olaf Scholz

◆2. Lernschritt

➔ *Beantworte die folgenden Fragen zum Lesetext sinngemäß.*

➔ *Schreibe in vollständigen Sätzen.*

a) Was scheint für viele Menschen die schöne Seite von Frau Merkels Leben in der Öffentlichkeit zu sein?

____

____

b) Wieso kann sich Frau Merkel den ganzen Tag über nie „ungestört“ fühlen? ______________

____

c) Wie schafft Frau Merkel es, so viele weit auseinanderliegenden Ziele innerhalb kürzester Zeit zu bereisen?

____

____

____

d) Mit wem bespricht sich Frau Merkel, wenn es um die Verabschiedung neuer Gesetze geht?

____

e) Zu welchem Zweck tritt Frau Merkel eine Asien-Reise an? ______________

____

f) Welche Nachteile werden im Informationstext über das Leben als Bundeskanzlerin genannt? Zähle auf.

____

____

g) Wie lange ist Frau Merkel auf die Unterstützung ihrer Berater mindestens angewiesen?

____

★Zusatzaufgabe

Finde verschiedene Pro- und Contra-Argumente zum Leben als Bundeskanzlerin oder Bundeskanzler. Erörtere und nimm Stellung, ob dies für dich ein Job wäre.

24 Die Party

Franziska war die Älteste in unserer Klasse, sie war bereits 16. Nach einer „Ehrenrunde“ war sie bei uns gelandet. Eigentlich passte sie nicht so richtig zu uns, sie war uns schon etwas zu „erwachsen“. Sie erzählte auch oft von ihren Erlebnissen mit Jungen. Wenn wir ihr auch nicht alles glaubten, so wussten wir doch, dass sie uns um einiges voraus war. Wir spielten zwar auch nicht mehr mit Puppen, fühlten uns aber noch nicht reif, alles auszuprobieren. Jetzt aber hatte Franziska zu einer Party eingeladen, acht Mädchen aus unserer Klasse. Nur Mädchen, hatten wir ihr gesagt, keine Jungen. Von dem Vorschlag einer Pyjama-Party wollten unsere Eltern nichts wissen. Wir erhielten Ausgang bis 23.30 Uhr. Es war Samstagabend, um 19.00 Uhr trafen wir uns und freuten uns darauf, etwas Musik hören und miteinander zu quatschen. Das ging auch ganz gut, bis Franziska nach dem Essen mit einem geheimnisvollen Kästchen kam. Sie erklärte uns, dass wir jetzt alle eine Zigarette rauchen würden. Wir wären ja schließlich keine Kinder mehr. Abgesehen davon, dass wir durchaus schon einmal heimlich an Zigaretten gezogen hatten, besaßen wir jedoch keinerlei Erfahrung mit dem, was sie uns nun aufschwätzte. Sie zündete einen Glimmstängel an, zog dran und reichte ihn weiter. Es war ein Joint! Keiner traute sich, nein zu sagen. Wir wollten ja keine Angsthasen sein, also machten wir alle mit. Ein zweiter und dritter folgte. Dazu reichte unsere Gastgeberin noch Alkopops; auch die verkonsumierten wir. Da wir alle mit Drogen noch nie so intensiv in Berührung gekommen waren, stellte sich die Wirkung ganz schnell ein. Die Party wurde lustiger und wir enthemmter. Keiner dachte mehr an die vereinbarte Uhrzeit. Bis es schellte. Es war ausgerechnet mein Vater, der als erster kam und mich nach Hause abholen wollte. Er hatte schnell entdeckt, was passiert war. Die Party wurde abrupt beendet, und wir von unseren Eltern ins Bett befördert. Am anderen Tag war mir immer noch übel. Es war vorerst die letzte Fete, an der ich teilnehmen durfte. Wir verstanden diese Maßnahme recht gut und waren auch nicht traurig. Franziska war ab da doch etwas isolierter in der Klasse, wenn auch einige sie verstohlen beneideten.

358 Wörter

▲1. Lernschritt

➔ *Lies die folgenden Sätze aufmerksam durch.*

➔ *Ist die Aussage inhaltlich richtig? Dann kreuze die Aussage an.*

(!) *<u>Achtung</u>: Du darfst jetzt nicht mehr im Text nachlesen!*

- -

Knicke das Blatt entlang dieser Linie nach hinten.

Nr.	Aussage	Richtig X
1	Franziska war in unserer Klasse die Älteste, da sie aus einer anderen Stadt kam und die Klassenstufe deshalb nochmal wiederholen sollte.	
2	Sie war für uns alle ein riesiges Vorbild, da wir ihr alle ihre Erzählungen über die Erlebnisse mit Jungen glaubten.	
3	Als Franziska eine Party machte, erhielten wir alle Ausgang bis 23.30 Uhr.	
4	Wir warteten darauf, dass es auf der Party eventuell die eine oder andere Knutscherei geben würde.	
5	Nach dem Essen tauchte Franziska mit mehreren Flaschen Alcopops wieder auf.	
6	Jeder von uns trank so viel Bier, wie er konnte, bis wir ziemlich betrunken waren.	
7	Wir waren regelrecht benebelt von der Wirkung aus Joint und Alkohol.	
8	Die Party wurde abrupt beendet, als die Polizei an der Türe klingelte.	
9	Die Strafpredigten unserer Eltern waren nicht ohne, sie reichten von Hausarrest über Taschengeldsperre bis zu Fernsehverbot.	
10	Mir war noch nie zuvor so schlecht gewesen, sodass für mich seit diesem Abend jeder Wunsch nach Drogen verstummt war.	

KOHL VERLAG
Wir werden Leseprofi / Klasse 9-10
Intensives Training des sinnerfassenden Lesens – Bestell-Nr. 16 769

24 Die Party

◆2. Lernschritt

➔ *Beantworte die folgenden Fragen zum Lesetext sinngemäß.*

➔ *Schreibe in vollständigen Sätzen.*

a) Wie fühlten wir uns im Gegensatz zu Franziska, die nun die Älteste in unserer Klasse war?

b) Wie stellten wir uns den Ablauf der Party bei Franziska eigentlich vor?

c) Was befand sich in Franziskas geheimnisvollem Kästchen, mit dem sie plötzlich ankam?

d) Wieso lehnte keiner von uns den Joint ab?

e) Welche Auswirkungen hatte der gemeinsame Genuss von Alkohol und Joints auf uns?

f) Wie war die Reaktion der Eltern auf unsere „Erfahrungen" auf der Party?

g) Warum verstummte für mich nach diesem Abend jeder Wunsch nach Drogen?

★Zusatzaufgabe

Viele Menschen unterschätzen Drogen und oft genug hört man, dass ein „kleiner Joint" ja gar keine richtige Droge sei. Aber nicht umsonst sind Mariuhana und andere sogenannte „weiche Drogen" bei uns bislang verboten. Sind die Verbote sinnvoll? Diskutiert in der Gruppe.

Wir werden Leseprofi / Klasse 9-10

25 Der Marshall-Plan

George C. Marshall

Nach dem Ende des Zweiten Weltkrieges lagen weite Teile Europas in Trümmern. Die Amerikaner entschlossen sich dazu, bei dem Wiederaufbau umfangreiche finanzielle Hilfe zu leisten. Denn eine der Hauptaufgaben der amerikanischen Außenpolitik bestand darin, den nach dem schrecklichen Krieg Not leidenden europäischen Staaten zu helfen und ihnen die Möglichkeit zu geben, zu geordneten politischen und wirtschaftlichen Verhältnissen zurückzukehren. Damit verringerte sich die Gefahr, dass sie sich dem Kommunismus zuwandten und Stalins Einfluss in Europa noch weiter verstärkten. Die amerikanische Hilfe entsprach gleichzeitig auch den außenpolitischen Eigeninteressen der USA. Dieses große, überaus wirkungsvolle amerikanische Hilfsprogramm war der sogenannte Marshall-Plan. Er wurde nach seinem Initiator, dem amerikanischen Außenminister George C. Marshall, benannt.
Das Programm wurde im April 1948 beschlossen und sah vor, die europäischen Staaten mit Krediten, Lebensmitteln und anderen Waren auszustatten. Es war als Hilfe zur Selbsthilfe gedacht und war auf vier Jahre befristet. In dem genannten Zeitraum leisteten die USA Wirtschaftshilfen in Höhe von über 13 Milliarden US-Dollar (nach heutigem Wert etwa 130 Milliarden US-Dollar). Auch die osteuropäischen Länder waren eingeladen, sich am Marshall-Plan zu beteiligen. Inzwischen hatten sich die Fronten zwischen West und Ost aber so verhärtet, dass Stalin ihnen die Teilnahme daran verbot. Wichtig war, dass auch Deutschland am Hilfsprogramm teilnehmen durfte. Das bedeutete einen dramatischen Wandel der amerikanischen Deutschlandpolitik. Nach 1945 hatten die Siegermächte die Auffassung vertreten, dass Deutschland für seine Schuld am Krieg, für die unsäglichen Untaten und die entstandenen Menschen- und Materialverluste zur Rechenschaft gezogen werden müsse. Die USA verordneten ein Fraternisierungsverbot (Verbrüderungsverbot), das ihren Dienststellen und Soldaten einen vertraulichen Umgang mit den Deutschen verbot. Der spätere Gesinnungswandel, Deutschland letztlich doch zu helfen, ist vor allem durch die kommunistische Bedrohung zu erklären. Offensichtlich wirkten hier auch geschichtliche Erfahrungen nach: Bekanntlich hatten die Friedensregelungen von Versailles nach dem Ersten Weltkrieg mit dazu beigetragen, die politischen und wirtschaftlichen Verhältnisse in Deutschland und Mitteleuropa zu destabilisieren.

308 Wörter

▲1. Lernschritt

➔ *Lies die folgenden Sätze aufmerksam durch.*
➔ *Ist die Aussage inhaltlich richtig? Dann kreuze die Aussage an.*

(!) *Achtung: Du darfst jetzt nicht mehr im Text nachlesen!*

Knicke das Blatt entlang dieser Linie nach hinten.

		Richtig X
1	Nach dem Ende des 2. Weltkrieges entschlossen die Amerikaner sich dazu, bei dem Wederaufbau einzelner Länder Europas umfangreiche finanzielle Hilfe zu leisten.	
2	Man wollte den europäischen Staaten ermöglichen, zu geordneten politischen und wirtschaftlichen Verhältnissen zurückzukehren.	
3	Der Plan wurde nach dem amerikanischen Präsidenten George C. Marshall benannt.	
4	Das Programm wurde im August 1958 beschlossen.	
5	Die USA leisteten Wirtschaftshilfe in Höhe von über 13 Milliarden US-Dollar.	
6	Auch Deutschland durfte schließlich an diesem riesigen Hilfsprogramm teilnehmen.	
7	Die USA war von Anfang an ein überzeugter Partner Deutschlands.	
8	Man befahl ein sogenanntes Fraternisierungsverbot zwischen Amerikanern und Deutschen.	
9	Der Aufbau Deutschlands war langwierig, weil die Geldmittel nicht ausreichten.	
10	Die Friedensregelungen von Versailles hatten die politischen und wirtschaftlichen Verhältnisse in Deutschland und Mitteleuropa destabilisiert.	

KOHL VERLAG Wir werden Leseprofi / Klasse 9-10 Intensives Training des sinnerfassenden Lesens – Bestell-Nr. 16 769

25 Der Marshall-Plan

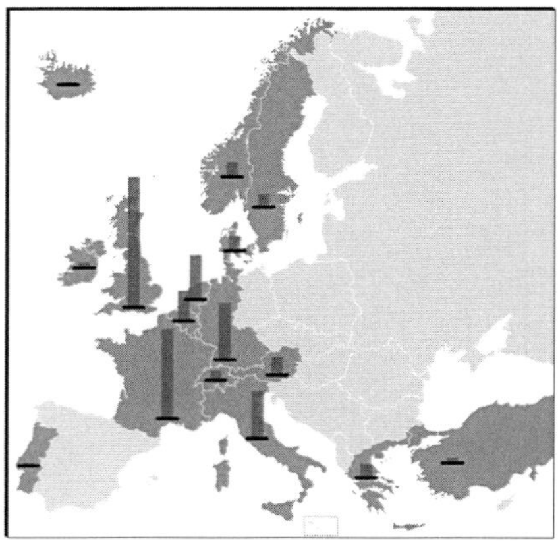

Leistungen des Marshallplans an einzelne Länder

◆2. Lernschritt

➔ *Beantworte die folgenden Fragen zum Lesetext sinngemäß.*

➔ *Schreibe in vollständigen Sätzen.*

a) Warum beschloss die USA nach dem Ende des Zweiten Weltkrieges, europäischen Staaten finanzielle Hilfe zu leisten?

b) Welches Ziel verfolgte die USA mit dieser Hilfeleistung?

c) Welcher Politiker war der Initiator dieses großen amerikanischen Hilfsprogramms?

d) Wie groß war dieses riesige Hilfspaket in US-Dollar? Welchen Wert entspräche das heute?

e) Wieso bedeutete die Teilnahme Deutschlands an diesem Marshall-Plan einen dramatischen Wendepunkt in der amerikanischen Deutschland-Politik?

f) Warum hat die Erfahrung mit der Friedensregelung von Versailles nach dem Ersten Weltkrieg zur Entscheidung der USA beigetragen?

26 Fast Food

Wenn es mal wieder schnell gehen muss, dann besorgen wir uns gerne beim Dönerladen um die Ecke etwas zu essen. Fast Food ist überall verfügbar und fester Nahrungsbestandteil vieler Menschen. Fast Food ist aber keine Erfindung der Moderne, denn bereits in der Antike kannte man das schnelle Essen auf der Straße. Diese kulinarische Versorgung gehörte bei den alten Römern zum Alltag. Man besorgte sich zum Beispiel gesalzenen Erbsen vor dem Besuch des Kolosseums, sehr beliebt war auch frittierter Fisch, der in den belebten Gassen Roms angeboten wurde.
Der Begriff „Fast Food" kommt aus dem Englischen und bedeutet so viel wie „schnelles Essen". Bei uns kam diese Ernährungsform erst in den fünfziger Jahren des 20. Jahrhunderts in den USA auf. Von dort aus verbreiteten sich diese Formen des Fast Food später auch nach Europa. Fast Food ist schnell zubereitetes und angebotenes Essen, was gewöhnlich auch rasch verzehrt wird. Die Möglichkeit besteht, vor Ort zu essen oder das Essen mitzunehmen. Zu den bekanntesten Fast-Food-Angeboten zählen z.B. Pommes frites, Currywurst, Hamburger, Pizza oder Döner. Viele Menschen bevorzugen Fast Food, besonders die jüngere Generation genießt das schnelle und leicht verfügbare Essen. Das ungesunde und teilweise auch schlechte Fast Food wird manchmal auch als „Junk Food" bezeichnet. Fast Food ist im Vergleich zu anderem Essen relativ günstig und schmeckt gut. Allerdings ignorieren viele Menschen (oder sie sind sich der Tatsache nicht bewusst), dass diese Ernährungsweise auch gesundheitliche Nachteile mit sich bringt. Fast Food enthält oft zu viele Kalorien, hat einen eher geringen Nährwert, ist oft sehr fettreich und enthält große Mengen Zucker oder Salz. Wer sich häufig auf diese Weise ernährt, lebt sehr ungesund. Vor dem regelmäßigen Verzehr vieler Fast-Food-Produkte ist aus Ernährungssicht eher abzuraten, weil sie Mangelerscheinungen, Übergewicht, Diabetes und Bluthochdruck erzeugen können. Es gibt allerdings mittlerweile auch durchaus empfehlenswerte Fast-Food-Produkte wie zum Beispiel Salate, Wraps (gefüllte Fladenbrotrollen), Smoothies oder Sushi-Gerichte in Fast-Food-Restaurants.

309 Wörter

▲1. Lernschritt

➔ *Lies die folgenden Sätze aufmerksam durch.*
➔ *Ist die Aussage inhaltlich richtig? Dann kreuze die Aussage an.*

(!) *Achtung: Du darfst jetzt nicht mehr im Text nachlesen!*

Knicke das Blatt entlang dieser Linie nach hinten.

		Richtig X
1	Fast Food ist überall verfügbar und fester Bestandteil vieler Menschen.	
2	Bereits in der Antike kannte man das schnelle Essen auf der Straße.	
3	Die alten Römer liebten Hamburger und salzige Pommes Frites.	
4	Der Begriff „Fast Food" kommt aus dem Englischen und bedeutet „schnell zu Fuß".	
5	Fast Food kam in den fünfziger Jahren des 20. Jahrhunderts in den USA auf.	
6	Viele Menschen bevorzugen Fast Food, besonderes die ältere Generation genießt das schnelle und leicht verfügbare Essen.	
7	Fast Food bringt bei übermäßigem Verzehr gesundheitliche Nachteile mit sich.	
8	Fast Food enthält oft zu wenige Kalorien, zu wenig Zucker und zu viel Salz.	
9	Es treten bei übermäßigem Verzehr langfristig Mangelerscheinungen, Übergewicht, Diabetes oder Bluthochdruck auf.	
10	Es gibt auch gesundes Fast Food wie z.B. Salate, Wraps, Smoothies oder Sushi-Gerichte.	

26 Fast Food

◆2. Lernschritt

➔ *Beantworte die folgenden Fragen zum Lesetext sinngemäß.*

➔ *Schreibe in vollständigen Sätzen.*

a) Fast Food kannte man bereits in der Antike – in welcher Form?

____

____

b) Woher kommt der Begriff „Fast Food“ und was bedeutet er? ______________

____

c) In welcher Zeit kam Fast Food als Ernährungsform bei uns auf? ______________

____

d) Welche typischen Fast-Food-Angebote gibt es heutzutage? ______________

____

____

e) Welche Vorteile bietet Fast Food im Vergleich zu anderem Essen? ______________

____

____

f) Welche Nachteile bringt der regelmäßige Verzehr von Fast Food mit sich? ______________

____

____

g) Welche gesundheitlichen Probleme treten durch übermäßigen Verzehr von Fast Food auf?

____

____

h) Welche gesunden Fast-Food-Produkte werden im Lesetext genannt? ______________

____

____

27 Der Mond

Der Mond begleitet unseren Planeten Erde ständig. Am Himmel sieht er fast so groß aus wie die Sonne. In Wirklichkeit ist er aber viel kleiner als die Sonne. Aber durch die enorme Entfernung der Sonne von der Erde erscheint sie uns viel kleiner, als sie tatsächlich ist. Von der Erde sieht es dann so aus, als wären Sonne und Mond ungefähr gleich groß.
Manchmal sieht der Mond so aus, als hätte er ein Gesicht mit Augen, Mund und Ohren. Doch wenn man ganz genau hinschaut, sieht man einfach eine Reihe dunkler Flecken. Das sind die verschiedenen Täler und Gebirge auf dem Mond. Früher glaubte man, dass diese dunklen Flecken Meere wären. Doch schon lange weiß man, dass es auf dem Mond kein Wasser gibt. Die Flecken sind Krater, die vor vielen Milliarden Jahren entstanden, als unzählige Meteoriten auf den Mond stürzten.
Der Mond ist 384.000 km von der Erde entfernt. Am Tag ist es dort siedend heiß, und zwar um die 130 °C, und nachts wird es mit bis zu minus 150 °C eisig kalt. Der Mond hat einen Durchmesser von 3476 km. Der Kontinent Asien ist mit seiner Oberfläche von rund 44,6 Mio. km^2 etwas größer als der Mond (37,9 Mio. km^2). Das Volumen der Erde ist etwa 50-mal größer als das des Mondes. Würde man die Erde auf eine Waagschale legen, wären auf der anderen Seite 81 Monde nötig, um unseren Planeten aufzuwiegen. Die geringere Masse des Mondes hat zur Folge, dass er weniger Anziehungskraft ausübt, im Vergleich zur Erde nur ein Sechstel. In 28 Tagen wandert der Mond einmal um die Erde. Er hat keine Atmosphäre, also auch keine Luft zum Atmen, es wird auch kein Schall übertragen.
Seit einigen Jahren planen einige Länder, den Mond mit Raumschiffen wie schon letztes Jahrhundert zu besuchen. Geplant ist dort auch eine ständige Raumstation, von der aus weitere Missionen wie zum Beispiel zum Mars gestartet werden sollen.

317 Wörter

▲1. Lernschritt

➔ *Lies die folgenden Sätze aufmerksam durch.*
➔ *Ist die Aussage inhaltlich richtig? Dann kreuze die Aussage an.*

(!) *Achtung: Du darfst jetzt nicht mehr im Text nachlesen!*

Knicke das Blatt entlang dieser Linie nach hinten.

		Richtig X
1	Der Mond sieht am Himmel fast so groß aus wie die Erde.	
2	Auf dem Mond sieht man viele dunkle Flecken, das sind Täler und Gebirge.	
3	Auf dem Mond werden Wasservorkommen vermutet.	
4	Die dunklen Flecken entstanden vor vielen Milliarden Jahren, als unzählige Meteoriten auf der Mondoberfläche einschlugen.	
5	Der Mond ist 3,5 Millionen Kilometer von der Erde entfernt.	
6	Am Tag ist es auf dem Mond etwa 130 °C heiß, in der Nacht kühlt es auf minus 150 °C ab.	
7	Das Volumen der Erde ist etwa 5-mal größer als das des Mondes.	
8	Die geringe Masse des Mondes hat zur Folge, dass er nur wenig Anziehungskraft hat.	
9	Der Mond hat keine Atmosphäre, also auch keine Luft zum Atmen.	
10	Seit einigen Jahren gibt es auf dem Mond eine bemannte Raumstation.	

KOHL VERLAG Wir werden Leseprofi / Klasse 9-10 Intensives Training des sinnerfassenden Lesens – Bestell-Nr. 16 769

27 Der Mond

◆2. Lernschritt

➔ *Beantworte die folgenden Fragen zum Lesetext sinngemäß.*

➔ *Schreibe in vollständigen Sätzen.*

a) Warum wirkt der Mond am Himmel etwa so groß wie die Sonne?

____

____

b) Was sind die dunklen Flecken, die man auf der Mondoberfläche sieht? ______________

____

c) Wann und wodurch entstanden diese dunklen Flecken? ______________

____

____

d) Welche Temperaturen herrschen tagsüber auf dem Mond, welche nachts? ______________

____

____

e) Welchen Durchmesser hat der Mond und wie ist das Volumen der Erde im Vergleich zum Mond?

____

____

f) Wie stark ist die Anziehungskraft des Mondes im Vergleich zur Erde? ______________

____

g) Warum kann man auf dem Mond nicht atmen? ______________

____

h) Seit einigen Jahren gibt es große Pläne rund um den Mond, welche?

____

____

28 Die Lösungen

Richtig X

	1	2	3	4	5	6	7	8	9	10
1					X	X			X	X
2		X			X	X			X	
3			X		X		X	X		X
4				X	X	X	X	X		
5		X		X	X		X		X	
6		X	X	X		X	X	X		
7			X		X			X		X
8			X		X		X	X		X
9		X	X		X		X	X		X
10				X	X		X			X
11	X	X	X	X						X
12	X	X			X			X		X
13		X	X			X		X	X	
14	X			X	X	X				X
15	X		X	X	X			X	X	X
16				X	X			X		X
17	X		X	X			X			X
18			X		X		X	X		X
19	X		X	X		X	X		X	
20					X		X		X	X
21	X	X			X	X		X		X
22	X			X	X		X		X	X
23	X			X			X	X	X	
24			X	X			X			X
25	X	X			X	X		X		X
26	X	X			X		X		X	X
27		X		X		X		X	X	

28 Die Lösungen

1 **a)** Im Herbst präsentieren sich die Laubbäume in einer wunderschönen Farbenpracht. **b)** Eigentlich sind die roten und orangefarbenen Farbpigmente die ganze Zeit über schon im Blatt. **c)** Sie sind nur nicht sichtbar, denn ein weiterer Farbstoff, den wir Chlorophyll nennen, überdeckt die anderen Farbpigmente. **d)** Das ist der Farbstoff, der dem Blatt seine grüne Farbe verleiht. **e)** Im Herbst wird eben dieser Farbstoff, nämlich das Chlorophyll, in den Blättern abgebaut und alle lebenswichtigen Säfte in den Stamm und die Wurzeln zum überwintern transportiert. **f)** Die Carotinoide und Anthocyane werden sichtbar und leuchten rot, gelb und orange. Manchmal sogar violett. **g)** Für den Baum besteht keine Notwendigkeit mehr, die absterbenden Blätter zu versorgen und es bildet sich eine Korkschicht zwischen Zweig und Blattstiel. Das Blatt vertrocknet und fällt ab.

2 **a)** Troja wurde bekannt gemacht durch den griechischen Dichter Homer, der in seinem berühmten Werk „Ilias" von einer zehnjährigen Belagerung Trojas durch die Griechen erzählt. **b)** Der Sage nach soll Paris, der Sohn des trojanischen Königs, bei einem Aufenthalt am griechischen Königshof die „schöne Helena" entführt haben. **c)** Sie war die Frau des Menelaos, des Bruder des griechischen Königs. **d)** Hohe Mauern und Wehrtürme halfen den besten Bogenschützen, alle Feinde abzuwehren. **e)** Er mobilisierte 50000 Soldaten. **f)** Der Krieg soll zehn Jahre gedauert haben. **g)** Mit Hilfe des Trojanischen Pferdes gelangten die Griechen in die Stadt.

3 **a)** Der Operateur kam mit seinem Gehrock von der Straße zum Patienten. Ohne sich die Hände zu waschen begann er mit der Operation, bei der er das Besteck des Vorgängers verwendete. **b)** Sie wurden mit verschmutzten Binden versorgt. **c)** Er stellte einen Zusammenhang zwischen den auftretenden Wundinfektionen und mangelnder Hygiene her. **d)** Dies fiel ihm beim Vergleich zweier Wöchnerinnenstationen auf. **e)** Er führte das Händewaschen vor den Untersuchungen der Wöchnerinnen ein. **f)** Sie nahmen auch Leichensektionen vor. **g)** Er setzte sich nicht durch, weil Intrigen ihn daran hinderten, seine Idee zu verbreiten.

4 **a)** Man nennt ihn auch „Iwan den Schrecklichen". **b)** Er wurde von seiner Mutter dazu ausersehen und erzogen, einst der Herrscher des damaligen Russischen Reiches zu werden. **c)** Ihr unbequeme mächtige Fürsten und Gutsherren ließ sie verbannen oder töten. **d)** Iwan regierte sein Heimatland mit eiserner Hand. **e)** Man sagt, dass er äußerst jähzornig und brutal sein konnte. **f)** So erschlug er eines seiner zehn Kinder in einem Wutanfall und vernichtete fast den gesamten Adel Russlands. **g)** Eine äußerst brutale Sondertruppe, die Iwan aufgebaut hatte.

5 **a)** Eine große Universität in Berlin und ein Gebirge in China sowie ein Fluss in den Vereinigten Staaten. **b)** Er hatte Naturwissenschaft und Bergbaukunde studiert. **c)** Er erwarb großen Ruhm durch konstruktive Überlegungen, die zur Verbesserung der Landschaftsökologie führten. **d)** Er kam über Sibirien und den Ural bis an die Grenzen Chinas. **e)** Er erzählte ausführlich in seinen hochinteressanten Reiseberichten von seinen Erlebnissen und Forschungen in vielen Teilen unserer Erde. **f)** Er zählt zu den größten Wissenschaftlern und Vertretern unseres Landes, angesehen und geachtet in der ganzen damaligen Welt.

6 **a)** Das Ernten der Trauben nennt man die Traubenlese. **b)** Man befreit die Trauben von ihren Stielen und zerquetscht sie. Diesen Brei nennt man dann Maische. **c)** Es werden kleine Mengen schwefeliger Säure beigegeben. **d)** Es werden schwefelige Säure oder verschiedene Aromen beigemischt. **e)** Er reift in Fässern oder Tanks. **f)** Er wird 1 bis 3 Jahre bis zur Trinkreife gelagert. **g)** Spitzenqualitäten erzielen einen relativ hohen Preis, können aber auch 20 Jahre und länger gelagert werden.

7 **a)** Meine Eltern erhöhten mein Taschengeld auf 60 € pro Monat. **b)** Ich war besonders stolz, eine eigene EC-Karte zu erhalten. **c)** Ich fühlte mich reich und erwachsen. **d)** Ich stellte fest, dass mit dieser Karte und ihren Möglichkeiten auch viele Verlockungen gemeistert werden mussten. **e)** Aber ich entwickelte einen vorteilhaften Sparsinn. **f)** Mein Rücklage kletterte von Monat zu Monat immer höher. **g)** Ich habe gestern zwanzig Bewerbungen zum Bankkaufmann abgeschickt.

8 **a)** Entweder Männer oder Frauen, die den Wehrdienst freiwillig ausüben oder solche, die aufgrund der jeweiligen Verfassung einen „Dienst an der Waffe" ausüben müssen. **b)** Für immer neuere und technisch vollkommenere Vernichtungsmittel zu erfinden und herzustellen. **c)** Mal geht es um Besitzansprüche an Land und Meer, mal um Rohstoffe, mal um größenwahnsinnige Ideen sogenannter Machthaber. **d)** Sie werden zum Glück ohne Waffengewalt gelöst. **e)** Dies tun sie aus dem Hintergedanken, dass wir jeden Tag von irgendeinem Nachbarstaat angegriffen werden könnten. **f)** Sie könnten zur Bekämpfung von Armut und Not auf der Erde eingesetzt werden.

9 **a)** Es war der Ausruf „I have a dream". **b)** Er setzte sich für den gewaltlosen Widerstand gegen den Staat und gegen die unterschiedliche Behandlung von weißen und farbigen Menschen ein. **c)** Der im Jahre 1963 von ihm ins Leben gerufene Marsch führte ihn nach Washington. **d)** Farbige Kinder durften nicht in dieselbe Schule gehen, in der auch weiße Kinder lernen sollten. **e)** Sie wurden nicht als gleichberechtigt anerkannt, was z.B. große Auswirkungen auf ihr Berufsleben oder eventuelle gehobene Positionen hatte. **f)** Die Idee, dass eines Tages farbige und weiße Menschen friedlich auf der ganzen Welt zusammenleben könnten. **g)** Er wurde 1968 von einem fanatischen weißen Amerikaner in der Stadt Memphis auf offener Straße erschossen.

10 **a)** Den Auszug aus dem Buch hatte ich mir in der Schulbibliothek kopiert. **b)** Diesen Satz brachte mir meine Schwester ständig entgegen. **c)** Ich fasste den Entschluss, auch in meinem Zimmer für Ordnung zu sorgen. **d)** Ich unterschied zwischen Schule, Freizeit, Freunden, Verwandten und Hobbies. **e)** Sie zollte mir viel Lob und Anerkennung. **f)** Die Ordnungsliebe, die ich mir angeeignet hatte, begleitete mich mein ganzes Leben. **g)** Die Kopie hatte ich in der Bibliothek auf dem Tisch liegen lassen.

11 **a)** Unsere Clique bestand aus 9 Personen, 5 Jungen und 4 Mädchen. **b)** Der Grund war Marion, denn es waren alle Jungen in sie verliebt. **c)** Marion war zu allen gleichbleibend freundlich und kumpelhaft. **d)** Für ein Wochenende am Baggersee. Zwei Zelte für die Mädchen und zwei Zelte für die Jungen. **e)** Um zwei Uhr nachts fing es an zu tröpfeln und später wurde ein kräftiger Regen daraus. **f)** Ich griff ins Leere, das heißt, meine Hände wurden von Wasser umspült. Unser Zelt war undicht und es hatte mächtig hineingeregnet. **g)** Meine Nase umschwebte starker Kaffeeduft. **h)** Keine, denn niemand war Marion näher gekommen.

12 **a)** Er war einer der wichtigsten Staatsmänner und einer der mächtigsten Kaiser und Heerführer überhaupt. **b)** Er wurde 67 Jahre alt, war mehrfach verheiratet und hatte fast 20 Kinder. **c)** Er schaffte ein einheitliches Frankenreich. **d)** Alkuin und Einhard waren Karls engste und wichtigste Berater. **e)** Einhard war der Biograph Karls des Großen, sein engster Vertrauter und oft als Gesandter in vielen Brennpunkten der damaligen Politik unterwegs. **f)** Ihm verdanken wir fast alles, was wir heute über diese Zeit wissen. Immer noch hochaktuell ist sein literarisches Werk „Vita Caroli Magni", eine Fundgrube für alle Historiker. **g)** In Aachen erinnern zwei Schulen an diese beiden bedeutenden Männer, die Alkuin-Schule und das Einhardt-Gymnasium.

28 Die Lösungen

13 **a)** Dieser Begriff ist vor allem vom römischen Feldherrn und Staatsmann Gaius Julius Caesar geprägt und benutzt worden, obwohl ihn wahrscheinlich nur ein kleiner Volksstamm benutzte. **b)** Es gab große Verständigungsprobleme. Die Unterschiede der verschiedenen Sprachen waren zu groß. **c)** Aber erst große Wanderungen der Mitglieder der einzelnen Stämme durch Europa hoch nach Norden und weit nach Osten entstand endlich das germanische Reich. **d)** Große Sumpf- und Moorflächen trennten ebenso das Land und seine Bewohner voneinander wie auch Wald und Ödland. **e)** Der Adel entwickelte sich, man unterschied zwischen ihm und dem Bauernstand. Es gab die sogenannten Freien, Halbfreien und Sklaven.

14 **a)** Die Europäische Union ist ein Staatenverbund, der von 28 Staaten gebildet wird. *(Stand 2013)* **b)** In der Europäischen Union leben etwa eine halbe Milliarde Menschen. **c)** Der Begriff EWG bedeutet Europäische Wirtschaftsgemeinschaft. **d)** Die Türkei gehört nicht zur EU. **e)** Weitere Beitrittskandidaten müssen ganz bestimmte Bedinungen erfüllen. **f)** Ihre drei Säulen sind die europäischen Gemeinschaften, eine gemeinsame Außen- und Sicherheitspolitik und die Zusammenarbeit in polizeilichen und gerichtlichen Strafsachen. **g)** Die Länder müssen ihre Gesetze den EU-Vorgaben anpassen.

15 **a)** Petronella, aber alle nannten sie nur Nelly. **b)** Wir wussten sehr schnell Bescheid, was wir bei unserem Essen alles falsch machen. **c)** Für ein schönes Stück Fleisch mit fettiger Soße und Kartoffeln mit Gemüse. **d)** Sie bekäme unser aller Kündigung als Köchin ausgesprochen. **e)** Bis jeder Haushalt umgestimmt ist auf das gewiss gesundere Essen. **f)** Eine Rolle spielt bestimmt auch der Schlankheitswahn. **g)** Er verdrückt hin und wieder ein kalorienreiche Vesperplatte.

16 **a)** Wenn jemand aus Aachen kommt und somit ein echter Aachener ist. **b)** Weil mein Opa, der zwei Jahre in Münster gelebt hatte, uns zu einer Erinnerungstour eingeladen hatte. **c)** Scheinbar waren alle Menschen mit dem Fahrrad unterwegs, junge ebenso wie alte Leute. **d)** Die Leute saßen in den Straßencafes, schlenderten durch die Stadt, kauften gerade fürs Wochenende ein und erledigten mit einer faszinierenden Ruhe alle ihre dringenden Besorgungen. **e)** Sie waren eine religiöse Vereinigung, die im 16. Jahrhundert besonders in Münster eine Schreckensherrschaft errichteten. **f)** Er musste lange suchen, weil sich alles vollkommen verändert hatte. **g)** Die Wiesen und Felder waren verschwunden, stattdessen standen dort große Mehrfamilienhäuser. Neue Straßen waren entstanden und den kleinen Tante-Emma-Laden an der Ecke gab es auch nicht mehr.

17 **a)** Sie glaubten, dass Sterne einfach nur leuchtende Punkte seien, die am Himmelsdach angebunden sind. **b)** Es gibt in unserer Milchstraße etwa 200 Milliarden Sterne, die aber in riesigen Entfernungen voneinander stehen. **c)** Fünf der acht Planeten können wir mit dem bloßen Auge erkennen. **d)** Der Italiener Galileo Galilei entdeckte als erster mit seinem für die heutige Zeit primitiven Himmelsfernrohr, dass die Milchstraße einer riesigen Scheibe ähnelt. **e)** In der Milchstraße ist die Erde nicht der Mittelpunkt, sondern liegt am Rand dieses riesigen Systems. **f)** Wir konnten sie durch unsere Weltraumexpeditionen besser kennen lernen. **g)** Sie werden vielleicht Möglichkeiten finden, die riesigen Entfernungen zwischen Erde und den Planeten schneller zu überbrücken.

18 **a)** Wir lebten im Westteil Deutschlands, in der BRD. **b)** Sie war meine Uroma. **c)** Personen, bei denen man sich sicher war, dass sie zurückkehren würden und solche, die ein bestimmtes Alter erreicht hatten. **d)** Weil die Bundesrepublik Deutschland und die Deutsche Demokratische Republik seit 1961 durch den Bau einer Mauer strikt getrennt waren. **e)** Das erste Wiedersehen nach etlichen Jahren. **f)** Als die Mauer schließlich gefallen war. **g)** Der Opa, er hatte die halbe Nacht vor dem Fernseher verbracht und hatte alles live miterlebt. **h)** Dass meine Uroma nun endlich ohne Schwierigkeiten zu meinem Geburtstag anreisen konnte.

19 **a)** Jeder wartet mit einem sehnsüchtigen Blick zur Uhr auf das Ende der Stunde und den Beginn der Pause. Oder der Pausengong, als akustisches Signal zur Uhr regelt alles in genaue Zeitabschnitte und kündigt das Ende des Schulmorgens an. **b)** Darunter versteht man Training (Fußball, Basketball, Volleyball) oder den Besuch im Fitnessstudio, im Verein oder unter Freunden. **c)** Es gab viel mehr Zeit und weniger Hast, es kam nicht auf die fünf Minuten an. Nur die Natur beeinflusste die Menschen, setzte ihnen ihre Termine. **d)** Die Natur, welche den Menschen ihre Termine bestimmte. **e)** Er ist der Meinung, dass die Menschen früher weniger gehetzt waren. **f)** Man weiß nicht, ob die Menschen früher glücklicher waren. Weniger gehetzt waren sie auf jeden Fall!

20 **a)** Die Jugendlichen kennen sich fast alle, zumindest weiß man, wer wo zur Schule geht. **b)** Wir machten uns lustig über all das Zeug, das niemand braucht, aber viele kaufen. **c)** Ein Paar Schuhe, Slipper, hellbraun, mit einem irren Schnitt. **d)** Ich wollte das Feld sondieren. **e)** Ich verschwieg, dass ich gar nicht in Erfahrung gebracht hatte, ob die Schuhe in meiner Größe vorrätig sind. **f)** Ich brauchte 43, die Schuhe waren aber nur in Größe 42 ½ zu haben. Deswegen zwickten sie etwas. **g)** Ich achtete sehr darauf, dass mir keine(r) auf die Schuhe trat. **h)** Ich hatte an beiden Füßen dicke Blasen.

21 **a)** Sie müssen sich jetzt schon um eine Lehrstelle bemühen. **b)** Dann sind die Bewerbungsunterlagen mit der Absage zurückgeschickt worden. **c)** Sie fragt sich, was sie anziehen soll, ob Schminken richtig ist, welche Schuhe angebracht sind und was eigentlich „seriös“ genau heißt. **d)** Hoffentlich wollen die nicht alle Kauffrau (Kaufmann) werden! **e)** Dabei werden logisches Denkvermögen und Allgemeinwissen abgeprüft. **f)** Maria übernimmt die Rolle als Bewerberin, die vor dem Personalchef und dem Betriebsrat ein Einstellungsgespräch simuliert. **g)** Sie macht große Gefühlsschwankungen mit, bis die erlösende Nachricht kommt.

22 **a)** Man kommt mit der eigenen Persönlichkeit nicht zurecht, hat Schwierigkeiten in der Familie, in der Schule oder mit Freunden. **b)** Der Leistungsdruck der heutigen Gesellschaft steigt immer weiter an. **c)** Ein wichtiges Indiz dafür ist, dass nur einer von zehn Ladendiebstählen, verübt von Jugendlichen, entdeckt und aufgeklärt wird. **d)** Alle 8- bis 13-Jährigen sind strafunmündig und können strafrechtlich nicht verfolgt werden. **e)** In besonderen Fällen wird noch das Jugenstrafrecht angewandt. **f)** Zu den häufigsten Delikten zählen Diebstähle, Körperverletzungen, Verstöße gegen das Betäubungsmittelgesetz und Sachbeschädigung. **g)** Eine der häufigsten Sachbeschädigungen sind Graffitis. **h)** Ob aus kriminellen Jugendlichen auch kriminelle Erwachsene werden.

23 **a)** „Die hat es gut, reist auf unsere Kosten durch die Welt und ist auch noch berühmt!“ **b)** Sie ist ständig umgeben von ihren Begleitern, die den ganzen Tag auf sie aufpassen, auch Leibwächter genannt. **c)** Sie wird mit Hubschraubern zum Flughafen gebracht und mit straffem Terminplan per Flugzeug zum nächsten Termin transportiert. **d)** Sie bespricht sich mit den Länderchefs. **e)** Sie besucht dort mehrere Länder und vertieft die guten Kontakte, die Deutschland in dieser Region hat. **f)** Hierzu zählen Stress, Abwesenheit von der Familie oder auch, immer gut gelaunt sein zu müssen und sich täglich beraten zu lassen. **g)** Mindestens vier Jahre lang bis zur nächsten Bundestagswahl.

24 **a)** Franziska war uns schon zu „erwachsen“, wir spielten zwar auch nicht mehr mit Puppen, fühlten uns aber noch nicht reif, alles auszuprobieren. **b)** Wir freuten uns darauf, etwas Musik zu hören und miteinander zu quatschen. **c)** In der Schachtel waren Joints. **d)** Weil wir nicht als Angsthasen gelten wollten. **e)** Die Wirkung der Drogen stellte sich ganz schnell ein, die Party wurde lustiger und wir enthemmter. **f)** Die Party wurde abrupt beendet und wir sofort ins Bett befördert. Außerdem wurde uns erst einmal verboten, weitere Feten zu besuchen. **g)** Weil mir noch nie so schlecht gewesen war.

Die Lösungen

25 **a)** Weite Teile Europas lagen nach dem Zweiten Weltkrieg in Trümmern. **b)** man wollte den europäischen Staaten die Möglichkeit geben, zu geordneten politischen und wirtschaftlichen Verhältnissen zurückzukehren. **c)** Initiator war der amerikanische Außenminister George C. Marshall. **d)** Das Hilfspaket betrug über 13 Milliarden US-Dollar. Dies entspricht nach heutigem Wert etwa 130 Milliarden US-Dollar). **e)** Nach 1945 hatten die Siegermächte die Auffassung vertreten, dass Deutschland für seine Schuld am Krieg, für die unsäglichen Untaten und die entstandenen Menschen- und Materialverluste zur Rechenschaft gezogen werden müsse. **f)** Friedensregelungen von Versailles nach dem Ersten Weltkrieg hatten mit dazu beigetragen, die politischen und wirtschaftlichen Verhältnisse in Deutschland und Mitteleuropa zu destabilisieren.

26 **a)** Bereits die alten Römer kannten das schnelle Essen in Form von gesalzenen Erbsen oder frittiertem Fisch, der in den belebten Gassen Roms angeboten wurde. **b)** Der Begriff „Fast Food" kommt aus dem Englischen und bedeutet übersetzt „schnelles Essen". **c)** Fast Food kam in den fünfziger Jahren des 20. Jahrhunderts in den USA auf. **d)** Zu den bekanntesten Fast-Food-Angeboten zählen z.B. Pommes frites, Currywurst, Hamburger, Pizza oder Döner. **e)** Fast Food ist leicht und schnell verfügbar, vergleichsweise relativ günstig und es schmeckt gut. **f)** Fast Food enthält oft zu viele Kalorien, hat einen eher geringen Nährwert, ist oft sehr fettreich und enthält große Mengen Zucker oder Salz. **g)** Durch übermäßigen und regelmäßigen Verzehr von Fast Food können gesundheitliche Probleme wie Mangelerscheinungen, Übergewicht, Diabetes oder Bluthochdruck auftreten.
h) Gesunde Fast-Food-Produkte sind zum Beispiel Salate, Wraps (das sind gefüllte Fladenbrotrollen), Smoothies oder Sushi-Gerichte.

27 **a)** Der Mond ist der Erde um ein Vielfaches näher als die Sonne, dadurch wirkt er etwa so groß wie die Sonne, obwohl er erheblich kleiner ist. **b)** Die dunklen Flecken sind Täler und Gebirge auf dem Mond. **c)** Die dunklen Flecken sind Krater, die vor vielen Milliarden Jahren entstanden, als unzählige Meteoriten auf den Mond stürzten. **d)** Tagsüber ist es dort 130 °C heiß, nachts kühlt es auf bis zu 150 °C ab. **e)** Der Mond hat einen Durchmesser von 3476 km, das Volumen der Erde ist etwa 50-mal größer als das des Mondes. **f)** Die Anziehungskraft des Mondes beträgt nur ein Sechstel von der unserer Erde. **g)** Weil der Mond keine Atmosphäre und damit keine Luft hat. **h)** Einige Länder planen, den Mond mit Raumschiffen zu besuchen. Geplant ist dort auch eine ständige Raumstation, von der aus weitere Missionen zu anderen Planeten gestartet werden sollen.